Le l

Le pot au feu

Le Pot au Feu

Premières Lectures en Français

Theodore P. Fraser
College of the Holy Cross
Worcester, Mass.

Alan L. Whipple
The Lawrence Academy
Groton, Mass.

Illustrated
by
Susan Hawkey

The Independent School Press

WELLESLEY HILLS
MASSACHUSETTS

ACKNOWLEDGEMENTS

The authors wish to express their gratitude to the following publishers for their permission to use copyrighted material.

Editions Robert Delpire, «La Science de la paresse».
Editions Gallimard, Paris: Eugène Ionesco, Selection from
«La Cantatrice chauve»; Jacques Prévert, *Paroles:*
«Chanson», «Déjeuner du matin», «L'Accent grave»,
«Page d'écriture», «Le Message».
George G. Harrap & Company Ltd., Anne Bodart, «La Fourmi
a fait le coup».
Holt, Rinehart and Winston, Inc., Max and Alan Fischer, «Les
Prunes de M. le Curé».

Special thanks is expressed to the estate of Mrs. Margaret G. Holmes for permission to print the passage «La Grande erreur», from *Les Contes des sept sages,* edited by the late Professor Urban T. Holmes and Professor Hugo Giduz.

PRINTED IN THE UNITED STATES OF AMERICA.
0-88334-068-2

86878889
5678910

TABLE DES MATIÈRES

Devinette	Une leçon de mathématiques
L'excuse	Le calcul rapid
Une bonne place	La ponctuation
Le mouchoir	Comment voir une mouche au mur

Chanson	Le message
Page d'écriture	Déjeuner du matin

Salomon Grundi	Trois souris aveugles
Ce petit porc	La maison que Jacques a bâtie

Au Voleur!	Comment faire un champignon
Le médecin et le curé	Comment faire cuire un gros chou
Comment comprendre l'archeologie	Henry IV et le paysan
	Trois devinettes

INTRODUCTION

"Le pot au feu" is a traditional French stew made from a variety of meats, vegetables and spices. In many French homes, particularly in the countryside, a "pot au feu" continuously simmers on the back of the stove and yields, on call, either a clear broth for soup or a hearty dish for supper. It never tastes the same one day to the next and is infinite in the variety of its uses. All that is needed is the imagination of the cook.

Like "le pot au feu" simmering on the stove, this beginning French reader offers a variety of opportunities for the imaginative teacher to supplement his basic course in French with ingredients that can both enrich and make interesting a student's first experience with the written French language. The selections in this reader have been chosen and sequenced so as to be adaptable for beginning and/or intermediate courses at both the secondary and college level.

Need a two or three day break from the routine fare? Select one of the stories (from French literature, old Canadian, modern original) for in-depth study. The subject matter of the stories varies widely: from the farcical (*Turlendu, Des coincidences bizarres*) to the grotesque (*La Visite, Jugement*), from the inspirational (*Le jongleur de Notre Dame, La dernière classe*) to the realistic (*Les Bijoux*), from the light *(Symphonie pastorale, La boule magique)* to the occult (*La légende du père récollet, À la Sainte-Catherine*), from the moralistic (*La grande erreur*) to the satiric (*La science de la paresse*). Each of the selections has been chosen for its flavor, and we think you will find each of them exciting to teach.

For a five minute snack at the end of class, uncover *Le pot au feu* and dip into one of the historiettes, riddles, puzzles or games. To add a dramatic touch to the class cuisine, build a repertoire of the simple *piécettes.* (Play them for your own class amusement or for presentation to other French classes.) Wish to add some spice to the class? Adopt *Les rituels* from *Le pot au feu*. Each time the situation arises, ladle it out. If eye appeal counts, throw in some student illustrations. (Be on the lookout for "pour la caricaturiste.") And when you're really hungry, have one of the class chefs prepare a real French recipe. (See page 90.) Finally, your students can add their own special ingredients. You will find certain exercises marked with an asterisk (*). If these are done well, your students may prepare a supplement to *Le pot au feu* for use by next year's group.

Not only will you find *Le pot au feu* helpful in a variety of situations, you will also find it sound in structure. The material is arranged in order of difficulty. It is implicitly divided into four sections. The first (selections 1 through 13) contains material using only the present tense. We have supplied a large portion of this so that the reader may be used as soon as possible in your course. The second (selections 14 through 16) contains material using the passé composé: the third (17 and 18), the future: and the last section, the imparfait (with an occasional plus-que-parfait). Major selections are accompanied by questions for class use and a variety of vocabulary, grammar, composition, conversation and creative exercises. (See the index for a listing of the vocabulary and grammar exercises.)

Another helpful ingredient of *Le pot au feu* is the treatment of cognates. Over 600 cognates are used in the stories. For those who wish to stress vocabulary building, these cognates are listed separately from the regular vocabulary with a few generalizations concerning their variations. (See page 181.)

The authors wish to thank Reverend Alfred J. Desautels, S.J., of Holy Cross and Mr. Richard Gagné of Lawrence Academy for the careful attention which they gave to our manuscript. Also for their help, suggestions and classroom experimentation, we offer our appreciation to Mrs. Gail Skinner and Mr. Joseph Sheppard of Lawrence Academy.

BON APPETIT!

Le Pot au Feu

TURLENDU

s'approcher de	to approach	mener	to lead
se chauffer	to warm oneself	ne. . . que	only
le coup de pied	kick	a' peine	scarcely
déchirer	to tear off	pleurer	to cry
dehors	outdoors	la porcherie	pigsty
la femme de chambre	chambermaid	le pou	louse
la grange	barn	la poussinière	chicken house
se lancer	to hurl oneself	le puits	well
		venir de	to have just

Turlendu n'a comme fortune qu'*un pou.* Il arrive un jour à une maison blanche et demande aux habitants:
— Voulez-vous garder mon pou pour moi, s'il vous plaît?
— Laissez le pou sur la table, lui répond-on.
Turlendu s'en va.   5
Quelques jours plus tard il retourne à la maison blanche pour le reprendre.
— Mon cher bonhomme, lui dit-on, la poule vient de* manger votre pou.
— Je vais pleurer* et je vais crier si vous ne me donnez pas cette   10
poule.
—Ne pleurez pas et ne criez pas: prenez la poule et allez-vous-en.
Il prend la poule et il part. Bientôt il arrive à une maison rouge.
—Bonjour, Turlendu. Entrez et chauffez-vous! *   15

QUESTIONNAIRE

1. Qu'est-ce que Turlendu a comme fortune?
2. Où arrive-t-il un jour?
3. Qu'est-ce qu'il demande aux habitants?
4. Que répond-on?
5. Quand retourne-t-il à la maison blanche?
6. Qui vient de manger le pou?
7. Que Turlendu va-t-il faire?
8. Où alors Turlendu arrive-t-il?

— Je n'ai pas froid. Je viens demander si vous voulez garder cette poule pour moi.

— Bien sûr. Mettez la poule dans la poussinière.*

Quelque jours plus tard la poule tombe dans la porcherie* et un cochon mange la pauvre petite. Cet après-midi Turlendu revient à la maison rouge pour reprendre sa poule. 5

—Mon cher bonhomme, lui dit-on, la poule est morte. Le cochon vient de manger la pauvre petite.

— Je vais pleurer et je vais crier si vous ne me donnez pas ce cochon. 10

— Ne pleurez pas et ne criez pas; prenez le cochon et allez-vous-en.

Il prend la cochon et il part. Bientôt il arrive à une maison grise.

— Bonjour, Turlendu. Entrez et chauffez-vous! 15

— Je n'ai pas froid. Je viens vous demander si vous voulez garder mon cochon pour moi.

— Bien sûr. Mettez votre cochon dans la grange* avec les autres.

Quelques jours plus tard le cochon s'approche du* mulet et 20 le mulet donne un coup de pied au pauvre petit. Cet après-midi Turlendu revient à la maison grise pour reprendre son cochon.

— Mon cher bonhomme, lui dit-on, le mulet vient de donner un coup de pied* au pauvre petit. Il est mort.

— Je vais pleurer et je vais crier si vous ne me donnez pas ce 25 mulet.

— Ne pleurez pas et ne criez pas; mais prenez le mulet et allez-vous-en.

Il prend le mulet et il part. Bientôt, il arrive à une maison brune. 30

—Bonjour, Turlendu. Entrez et chauffez-vous!

— Je n'ai pas froid. Je viens vous demander si vous voulez garder mon mulet pour moi.

---

9. Turlendu a-t-il froid?
10. Où Turlendu met-il la poule?
11. Qu'est-ce qui arrive à la poule?
12. Pourquoi Turlendu revient-il à la maison rouge?
13. Où Turlendu met-il le cochon?
14. Comment le mulet tue-t-il le cochon?

— Bien sûr. Laissez le mulet là-bas!

Quelques jours plus tard la femme de chambre* mène* le mulet à boire et il tombe dans le puits.* Cet après-midi Turlendu retourne à la maison brune pour reprendre son mulet.

—Mon cher bonhomme, lui dit-on, la femme de chambre vient 5
de laisser tomber le mulet dans le puits. Il est mort.

— Je vais pleurer et je vais crier si vous ne me donnez pas cette femme de chambre.

— Ne pleurez pas et ne criez pas; mais prenez la femme de chambre et allez-vous-en. 10

Et il prend la femme de chambre, place la jeune fille dans un sac et part. Bientôt il arrive à une maison jaune.

—Bonjour, Turlendu. Entrez et chauffez-vous!

— Je n'ai pas froid. Je viens vous demander si vous voulez garder ce sac pour moi. 15

— Bien sûr. Laissez le sac derrière la porte.

Et Turlendu s'en va. Turlendu est à peine* dehors* que l'on sort la jeune fille du sac et que l'on met un gros chien à sa place.

Quelques jours plus tard, Turlendu retourne à la maison jaune pour reprendre son sac. Il porte le sac quelque temps. Alors, il 20
dit: Marchez un peu! Je suis fatigué de vous porter dans un sac.

Quand le sac est ouvert, le chien se lance au visage du pauvre Turlendu et lui déchire* le nez avec ses dents.

Et Turlendu dit: D'un petit pou à une petite poule — d'une petite poule à un petit cochon — d'un petit cochon à un petit 25
mulet — d'un petit mulet à une jeune fille — d'une jeune fille à un gros chien qui me déchire le nez. Voilà l'histoire de ma vie.

---

15. Qu'est-ce qui arrive au mulet?
16. Où Turlendu place-t-il la femme de chambre?
17. Avec quoi remplace-t-on la jeune fille?
18. Qu'est-ce que le chien fait?
19. Quelle est l'histoire de la vie de Turlendu?

EXERCICES

I. Vocabulaire

A. Partie Orale: Répondez en employant l'exemple.

1.   *Vous approchez-vous du village?*
Réponse: *Oui, je m'approche du village.*

Vous approchez-vous
a. du puits?   d. de la maison?
b. de la porte?   e. de la poussinière?
c. de la grange?   f. de la porcherie?

2.   *Je mène le mulet à boire.*
Réponse: *Je vais mener le mulet à boire.*

a. Je pleure.   d. Je prends le cochon.
b. Je crie.   e. Je retourne à ma place.
c. Je marche un peu. f. J'entre dans la maison.

3.   *Je prends la poule.*
Réponse: *Voulez-vous prendre la poule?*

a. Je vais à la maison. d. Je mets le mulet dans la grange.
b. Je garde le cochon. e. Je place le chien dans un sac.
c. Je retourne à ma   f. Je laisse le livre sur la table.
   place.

4.   *Je pleure.*
Réponse: *Je viens de pleurer.*

a. Je prends le mulet. d. Nous retournons à la grange.
b. Il va à la maison rouge. e. Je sors le cochon du sac.
c. Elle reprend le pou. f. Il me déchire le nez.

B. Partie écrite:

1. Trouvez dans le texte le contraire des mots suivants et employez ces antonymes dans une phrase originale.

noir — blanc
Réponse: *La maison blanche a une porte noire.*

a. sortir   c. grand   e. plus tôt
b. aller   d. devant   f. avoir chaud

2. Trouvez dans le texte des mots de la même famille que les suivants.

a. le retour   d. l'approche   g. la froideur
b. le cri   e. la place   h. la présence
c. le gardien   f. la sortie

II. Grammaire

A. Partie orale: Mettez à l'impératif: (a) forme affirmative:
(b) forme négative en employant l'exemple.

retourner à votre place
Réponse: *Retournez à votre place.*
             Ne retournez pas à votre place.

a. manger le repas   d. mettre le cochon dans la grange
b. prendre le mulet   e. placer la poule dans le sac
c. reprendre le cochon   f. sortir le pou du sac

B. Partie écrite:

1. Refaites les phrases suivantes à la forme interrogative en employant l'exemple.

Turlendu tombe dans le puits.
Réponse: *Turlendu tombe-t-il dans le puits?*

a. Turlendu prend le cochon.   d. Il met le cochon contre le mur.
b. Le mulet mange la poule.   e. Le bonhomme parle français.
c. Le chien sort du sac.   f. Je laisse mon sac à la maison.

2. Répondez aux questions suivantes en employant *ne . . . que.*

> *Combien de chiens avez-vous?*
> Réponse: *Je n'ai qu'un chien.*

Combien de:
a. mulets trouvez-vous?
b. poules mangez-vous?
c. poux voyez-vous?
d. tables gardez-vous?
e. cochons reprenez-vous?
f. sacs ouvrez-vous?

III. Composition

A. Refaites l'histoire de Turlendu en employant d'autres animaux, d'autres maisons et d'autres endroits où l'on met les animaux.

*B. Préparez un exercice basé sur l'histoire dans lequel vous donnez quelques phrases qui sont vraies et d'autres qui sont fausses. Demandez aux étudiants de corriger les phrases qui sont fausses.

IV. Projet de classe

*A. Préparez une série de dessins pour illustrer l'histoire. Donnez un titre à chaque dessin. Accrochez les dessins aux murs de la salle de classe.

B. Préparez pour réprésentation la piécette suivante.

*

LE PROFESSEUR DÉSORDONNÉ

Le Professeur	Curlendu	La Classe
Turlendu	Murlendu	Le Proviseur

(On frappe à là porte.)

Prof:	Qui est là?
Tur:	Un étudiant de votre classe, monsieur. C'est Turlendu.
Prof:	Bonjour, Turlendu. Entrez et chauffez-vous!
Classe:	Oui, entrez et chauffez-vous!
Tur:	(Il entre, des livres et des cahiers à là main.)
	Je n'ai pas froid. Voulez-vous garder mes livres?
Prof:	Bien sûr. Mettez vos affaires sur mon bureau.
Tur:	(Il place ses affaires sur le bureau.) Au revoir, monsieur.
	(Il sort.)
Classe:	Au revoir, Turlendu.

(On frappe à la porte.)

Prof:	Qui est là?
Cur:	Un étudiant de votre classe, monsieur. C'est Curlendu.
Prof:	Bonjour, Curlendu. Entrez et chauffez-vous!
Classe:	Bonjour, Curlendu. Entrez et chauffez-vous!
Cur:	(Il entre, des livres et des cahiers à là main.)
	Je n'ai pas froid. Voulez-vous garder mes livres?
Prof:	Bien sûr. Mettez vos affaires sur mon bureau.
Cur:	(Il place ses affaires sur le bureau.) Au revoir, monsieur.
	(Il sort.)
Classe:	Au revoir, Curlendu.

(On frappe à là porte.)

Prof:	Qui est là?
Mur:	Un étudiant de votre classe, monsieur. C'est Murlendu.
Prof:	Bonjour, Murlendu. Entrez et chauffez-vous!
Mur:	(Il entre, des livres et des cahiers à là main.)
	Je n'ai pas froid. Voulez-vous garder mes livres?

Prof:	Bien sûr. Mettez les affaires sur mon bureau.
Mur:	(Il place les affaires sur le bureau.) Au revoir, monsieur. (Il sort.)
Classe:	Au revoir, Murlendu.

(On peut répéter ce jeu avec Burlendu, Purlendu, Zurlendu, etc.)

(On frappe à là porte.)

Prof:	Qui est là?
Prov.	Le proviseur de l'école, monsieur.
Prof:	Bonjour, M. le Proviseur. Entrez et chauffez-vous!
Prov:	(Il entre.) Je n'ai pas froid. (Il regarde avec horreur le bureau en désordre.) Quelle porcherie! Je vais pleurer et je vais crier si vous ne nettoyez pas vos affaires.
Prof:	Ne pleurez pas et ne criez pas.
Classe:	Ne pleurez pas et ne criez pas.
Prof:	(Il jette les affaires de Turlendu, Curlendu et Murlendu dans la corbeille à papier. Il hausse les épaules.) Des affaires de Turlendu aux affaires de Curlendu – des affaires de Curlendu aux affaires de Murlendu.
Classe:	Voilà l'histoire de sa vie!

L'ÉTUDIANT CONSCIENCIEUX

être désolé	to be very sorry	gifler	to slap
fixer	to stare	se moquer de	to make fun of
la gifle	slap	ne. . . plus	no longer

L'incident se passe à Paris dans un café aux Champs Elysées.

Le colonel Bouret entre dans le café et voit un jeune monsieur qui lit *Le Monde*. Il s'approche du jeune monsieur et dit: ≪Monsieur, si vous ne lisez plus ce journal, . . .≫

Le jeune monsieur lève la tête et gravement, il conjugue: ≪Je lis,   5 tu lis, il lit, elle lit, nous lisons, vous lisez, ils lisent, elles lisent.≫ Puis il continue à lire son journal.

— Pardon, dit le colonel, si vous ne lisez plus* le journal que vous avez là, . . .

Le jeune homme fixe* le ciel. Il conjugue: ≪J'ai, tu as, il a,   10 elle a, nous avons, vous avez, ils ont, elles ont.≫

— Zut, s'écrie le colonel, vous vous moquez de moi!

— Je me moque,* tu te moques, il se moque, elle se moque, nous nous moquons, vous vous moquez, ils se moquent, elles se moquent.

— Finissons, crie le colonel. Il commence à donner des gifles*   15 au jeune monsieur qui conjugue.

—Pardon, dit une femme assise à la table d'à côté, pourquoi voulez-vous gifler* ce monsieur-là? C'est un Américain qui veut apprendre le français. Son professeur recommande aux étudiants de conjuguer tous les verbes qu'ils entendent.   20

— Ah, mille pardons, dit le colonel qui tend sa main à l'Américain, je suis désolé . . .

—Oh, yes! répond l'Américain. Je suis désolé, tu es désolé, il est désolé . . . .

QUESTIONNAIRE

1. Qui s'approche d'un jeune monsieur?
2. Que fait le jeune monsieur?
3. Que demande le colonel Bouret?

4. Quel verbe le jeune homme conjugue-t-il?
5. Qu'est-ce que le jeune homme fixe?
6. Qu'est-ce que le colonel dit?
7. Qu'est-ce que le colonel donne au jeune monsieur?
8. Qui interrompt le colonel?
9. Qui est le jeune monsieur?
10. Pourquoi conjugue-t-il tous les verbes?

EXERCICES

I. Vocabulaire

A. Partie orale: Répondez en employant l'exemple.

1.   *Il lit?*
Réponse: *Oui, il continue à lire.*

a. Il crie?   c. Il répond?   e. Il gifle?
b. Il apprend?   d. Il conjugue?   f. Il entend?

2.   *Vous approchez-vous du colonel?*
Réponse: *Oui, Je m'approche du colonel.*

Vous approchez-vous
a. du café?   c. du monsieur?   e. du journal?
b. du ciel?   d. de la table?   f. de la femme?

3.   *De qui vous moquez-vous?*   *de l'homme*
Réponse: *Je me moque de l'homme.*

De qui vous moquez-vous?
a. du monsieur   c. de la femme   e. de l'Américain
b. du colonel   d. du professeur   f. du bonhomme

B. Partie écrite: Employez les mots suivants dans des phrases originales.

a. fixer   d. s'écrier   g. s'approcher de
b. lire   e. répondre   h. se moquer de
c. lever   f. offrir   i. recommander

II. Grammaire

A. Partie orale: Repondez aux questions en employant *ne . . . plus.*

> *Lisez-vous le journal?*
>
> Réponse: *Non, je ne lis plus le journal.*

a. Finissez-vous le café?
b. Fixez-vous le ciel?
c. Giflez-vous l'homme?
d. Conjuguez-vous les verbes?
e. Entrez-vous dans le café?
f. Recommandez-vous le journal?

B. Partie écrite: Répondez à l'impératif en employant l'exemple.

> *Le monsieur entre dans le café.*
>
> Réponse: (a) *Monsieur, entrez dans le café.*
>
> (b) *N'entrez pas dans le café.*

a. Paul lit un journal.
b. Pierre fixe le ciel.
c. Marie conjugue le verbe.
d. Paul répond à la question.
e. Henri donne des gifles.
f. Marie finit la conversation.
g. Robert gifle l'Américain.
h. Jean continue à lire le journal.

III. Composition

A. Refaites l'histoire en employant un autre lieu, d'autres noms, et d'autres verbes.

*B. Préparez un exercice sur l'histoire qui demande aux étudiants de compléter les phrases suivantes:

> Exemple: Le colonel entre ———— un café.

IV. Projet de classe

Préparez cette histoire pour représentation.

V. Un Jeu – La phrase qui s'augmente

Quelqu'un dans la classe commence une phrase avec un mot. Chacun à son tour ajoute un mot en disant tous les mots précédents. On ne peut employer qu'un «et» dans chaque phrase.

Exemple: Premier Joueur: *Le*
                  Deuxième Joueur: *Le livre*
                  Troisième Joueur: *Le livre bleu*
                      etc.

L'ACCENT GRAVE

Jacques Prévert

LE PROFESSEUR
Elève Hamlet!

L'ÉLÈVE HAMLET
(sursautant)
. . . Hein . . . Quoi . . . Pardon . . . Qu'est-ce qui se passe . . .
Qu'est-ce qu'il y a . . . Qu'est-ce que c'est? . . .

LE PROFESSEUR
(mécontent)
Vous ne pouvez pas répondre ≪présent≫ comme tout le monde?
Pas possible, vous êtes encore dans les nuages.

L'ÉLÈVE HAMLET
Etre ou ne pas être dans les nuages!

LE PROFESSEUR
Suffit. Pas tant de manières. Et conjuguez-moi le verbe être,
comme tout le monde, c'est tout ce que je vous commande.

L'ÉLÈVE HAMLET
To be . . .

LE PROFESSEUR
En français, s'il vous plaît, comme tout le monde.

L'ÉLÈVE HAMLET
Bien, monsieur. (Il conjugue:)
Je suis ou je ne suis pas
Tu es ou tu n'es pas
Il est ou il n'est pas
Nous sommes ou nous ne sommes pas

LE PROFESSEUR
(excessivement mécontent)
Mais c'est vous qui n'y êtes pas, mon pauvre ami!

L'ÉLÈVE HAMLET
C'est exact, monsieur le professeur,
Je suis ≪où≫ je ne suis pas.
Et, dans le fond, hein, à la réflexion,
Etre ≪où≫ ne pas être
C'est peut-être aussi la question.

13

QUESTIONNAIRE

1. Qu'est-ce qu'un élève répond ordinairement quand le professeur fait l'appel?
2. Que dit Hamlet?
3. Comment savez-vous que Hamlet est "dans les nuages?"
4. Comment est-ce que tout le monde conjugue *être* ordinairement?   Et Hamlet?
5. Pourquoi le professeur est-il excessivement mécontent de son élève?
6. Comment Hamlet explique-t-il sa réponse?
7. Pourquoi cette histoire s'appelle-t-elle "L'Accent grave?"

SYMPHONIE PASTORALE

le balai	drumstick	**une reprise**	(in music) a repeat
le cor de chasse	hunter's horn	**un serin**	canary
ensoleillé	in the sun	**le tambour**	drum
gémir	to lament	**la timbale**	kettledrum
un hélicon	tuba	**traire**	to milk
se pavaner	to strut		

Ecoutez, mes amis!
Entendez-vous ceci?
C'est l'orchestre de ma ferme.

L'ouverture commence.
Solo du coq.

cocorico!   cocorico!
COCOR – ICO – COCO!

La flûte annonce le matin.

Entrent les poules.

Cot-Cot Codét
COT-COT Codét
COT-COT-COT-COT CODET

Le balai* sur le tambour* ensoleillé.*

15

Ah! Ici arrivent, sous un nuage,
Les voix des moutons contents.

Bèèè
Bèèè
Bèèè
Les trompettes sonnent midi.

Puis arrive la famille des canards
La mère et ses petits.

COUIN! COUIN! COUIN!
COUIN! COUIN-COUIN!
COUIN! COUIN-COUIN COUIN-COUIN!

On joue de la guitare.

Et maintenant une reprise.*

COUIN! COUIN-COUIN!
COCORICO!
Cot-cot cot-cot codét!
Bèèè

L'heure s'avance et viennent les chevaux.

Hui – Hui – Hui

L'écho des harpes aux champs.

Un peu d'humour dans l'après-midi,
Les cochons qui se réveillent en retard.

gron-gron
Gron-Gron
GRON-GRON

Un hélicon* plein de joie,
n'est-ce pas?

16

Et dans la cour
Un dindon se pavane.*

Glou   Glou
                    Glou
        Glou

Comme cette bugle est fière!

Qu'est-ce qui arrive?
C'est la dissonance
Le chien et le chat qui chantent

Ouah Ouah Miaou!
Ouah Ouah Miaou!
Ouah Ouah, Ouah Ouah Miaou!

Cor de chasse* et violon
Se battent, se battent, se battent.

Au coucher du soleil
Rentrent des vaches qu'on va traire.

M e u h – M e u h – M e u h

Pour donner au lait de la musique
Un bruit
                de la timbale.*

Vient
le finale.
Un serin* gémit*
À l'arrivée de la nuit . .

Cui cui Cui

Cui cui Cui   Cui cui Cui

Un triangle d'étoiles termine la mélodie.

Si vous ne revenez pas ici,
Rappelez-vous donc ceci :
Qu'il y a à ma ferme tous les jours
Une nouvelle symphonie.

EXERCICES

I. Vocabulaire

A. Partie orale: Répondez aux questions en employant l'exemple.

Quel animal est plus grand, un chat ou un serin?
Réponse: *Un chat es plus grand qu'un serin.*

1. Quel animal est plus grand,
a. un cheval ou un canard?   d. une vache ou un chien?
b. un cochon ou une poule?   e. un coq ou un mouton?
c. un dindon ou un cheval?   f. un mulet ou un chat?

2. Quel instrument est plus petit.
a. un bugle ou un hélicon?   d. un tambour ou une guitare?
b. un piano ou un bugle?   e. une timbale ou une
c. une harpe ou un violon?   trompette?
                               f. une flûte ou un triangle?

B. Partie écrite: Trouvez dans le texte le contraire des mots suivants et employez ces antonymes dans une phrase originale.
a. la fin   d. sortir   g. oublier   j. en avance
b. grand   e. partir   h. l'ennemi   k. mécontent
c. minuit   f. humble   i. terminer   l. l'absence

II. Grammaire

A. Partie orale:
1. Posez des questions en employant les exemples

La flûte (une chose ou un animal) *annonce le matin.*
Réponse: *Qu'est-ce qui annonce le matin?*
L'homme (une personne) *parle.*

18

Réponse: *Qui parle?*

a. L'heure s'avance.
b. L'ouverture commence.
c. Le serin chante.
d. L'orchestre vient.
e. La vache donne du lait.
f. Le coq chasse la poule.

g. Le dindon se pavane dans la cour.
h. Le triangle termine la mélodie.
i. La femme joue de la harpe.
j. Le père entend les moutons.

2. Reprise, *ne . . . plus.* Répondez aux questions en employant *ne . . . plus.*

> *Écoutez-vous l'orchestre?*
> Réponse: *Non, je n'écoute plus l'orchestre.*

a. Entendez-vous la musique?
b. Le dindon se carre-t-il?
c. Le serin chante-t-il?

d. Vous rappelez-vous la symphonie?
e. Le cochon se réveille-t-il en retard?

B.   Partie écrite:

1. Mettez les verbes suivantes à l'impératif selon l'exemple.

> *Je me lève.*
> Réponses: (a)   *Levez-vous!*
>   (b)   *Ne vous levez pas!*

a. Je me pavane.
b. Je me réveille.
c. Je m'en vais.

d. Je me bats.
e. Je me rappelle ceci.
f. Je me présente à la ferme.

2. Refaites les phrases dans l'exercice B, 1 à l'interrogatif en employant l'exemple suivant.

> *Je me lève.*
> Réponse: *Vous levez-vous?*

III.   Composition

A.   Vous demeurez dans une ferme. Ecrivez une composition qui commence avec les mots: ≪Je vois de ma fenêtre . . . .

B. Préparez un exercice qui demande aux étudiants de combiner quelques noms avec quelques verbes pour faire des phrases. Par exemple: Nom — *le serin,* Verbe — *chanter:* Une réponse possible — *Un serin chante dans l'arbre.*

IV. Projets de Classe.

A. Dirigez l'orchestre de la ferme. Distribuez les rôles du narrateur et des animaux aux membres de la classe. Faites un "happening."

*B. Préparez une série de dessins pour illustrer l'histoire. Donnez un titre à chaque dessin. Accrochez les dessins aux murs de la salle de classe.

V. Pour stimuler une discussion

Répondez aux questions suivantes.
1. Quel animal est le mari de la poule?
2. Aimez-vous jouer un instrument? Lequel?
3. Habitez-vous dans une ferme? Aimez-vous visiter une ferme?
4. A quelle heure vous réveillez-vous d'habitude? Et le samedi?
5. A quelle heure se couche le soleil?
6. La nuit, aimez-vous regarder les étoiles? Pourquoi ou pourquoi pas?
7. Quelle musique préférez-vous?
8. Nommez quelques animaux sauvages.
9. Savez-vous traire une vache?
10. Quels sont les instruments employés par les soldats? les anges?

LA MORT IMPOSSIBLE

bras dessus		parmi	among
bras dessous	arm in arm	la patrie	fatherland
chaussé de	shod	la plage	beach
le coup de soleil	sunstroke	pousser	to push
déformé	baggy	la voiture	
jaloux	jealous	d'enfant	baby carriage

∞∞∞∞

Un beau samedi de juin.

Le Bois de Boulogne.

Les mères se promènent, poussant* leurs bébés dans les
voitures d'enfant.* De petits garçons chassent de petites jeune
filles parmi* les arbres. Les amants marchent bras dessus bras   5
dessous* sous le soleil ardent. Trois vieillards de nationalités
diverses sont installés sur un banc public.

Un Américain, âgé de 79 ans, habillé d'une chemise multi-
colore de Hawaï, de bermudas et chaussé* de souliers d'Italie.
Il s'appelle Bob.   10

Un Russe, âgé de 81 ans, habillé d'un pantalon déformé* de
Leningrad, d'une cravate rouge et jaune, en soie de Samarcande,
d'un chapeau brun de Moscou. Il s'appelle Igor.

Un Français, âgé de 92 ans, habillé d'un complet gris de Paris,
d'un bérèt noir de Marseille et de gants blancs de Grenoble. Il   15
s'appelle Gaston.

Les trois vieillards regardent la scène tranquille. Ils parlent de
leurs vies passées, de leurs professions, de leurs moments de joie.
Bientôt, ils parlent du passage du temps et de l'approche certaine
de la mort.   20

—Comment voulez-vous mourir, Bob, demande Igor.

—Ah, voilà une question difficile, répond l'Américain. Je veux
mourir d'un coup de soleil* à la plage* de Waikeekee. Et vous,
Igor, comment voulez-vous mourir?

— Ah, dit Igor. Quelle est la mort idéale pour moi? C'est   25
vraiment difficile à dire. Moi, je veux mourir en défendant la
Russie contre ses ennemis capitalistes ou les chiens révisionnistes.
Je veux être un héros prolétarien.

L'Américain et le Russe se tournent vers le Français.

— Et vous, Gaston, dit l'Américain, comment voulez-vous mourir?

—Ah, dit Gaston. Mourir d'un coup de soleil sur une belle plage, c'est vraiment une mort tranquille. Mourir pour la défense 5
de la patrie,* c'est une mort courageuse, héroïque, glorieuse.
Mais moi, je préfère une mort vraiment impossible. Oui, moi,
je veux mourir du coup d'un mari jaloux.*

QUESTIONNAIRE

1. Quel jour est-ce?
2. Qu'est-ce qui se passe dans le parc?
3. Nommez les hommes installés sur un banc public?
4. Décrivez l'Américain; le Russe; le Français.
5. De quoi parlent-ils en général?
6. Comment l'Américain veut-il mourir? le Russe?
7. Quelle espèce de mort Gaston préfère-t-il?
8. Comment veut-il mourir?

EXERCICES

I. Vocabulaire

A.   Partie orale:

1. Répondez en employant les exemples.

De quoi parlez-vous? (des arbres)
Réponse: *Je parle des arbres.*

De quoi parlez vous?

a. de ma cravate	f. des moments de joie
b. de la mort	g. d'un coup de soleil
c. des belles plages	h. des gants de Grenoble
d. de la vie passée	i. de votre profession
e. du complet gris	j. de la défense de la France

2.   *Vers qui se tourne-t-il? (l'homme)*
Réponse: *Il se tourne vers l'homme.*

Vers qui se tourne-t-il?

a. le Russe	c. les bébés	e. les héros	g. le mari jaloux
b. Bob	d. les amants	f. la mère	h. le vieillard

B.   Partie écrite:

1. Trouvez dans le texte le contraire des mots suivants et employez ces antonymes dans une phrase originale.

a. grand	c. le futur	e. la naissance
b. blanc	d. naître	f. la tristesse

2. Employez les mots et les expressions suivants dans des phrases originales.

a. chasser	c. âgée de	e. habillé de
b. pousser	d. contempler	

II. Grammaire

A. Partie orale: Refaites les phrases en employant l'exemple.

> *La chemise est multicolore.*
>
> Réponse: *C'est une chemise multicolore.*

(Faites attention à la position des adjectifs.)

a. La mort est impossible.
b. Le viellard est beau.
c. Le soleil est ardent.
d. Le mari est jaloux.

e. Le pantalon est déformé.
f. La question est difficile.
g. La scène est tranquille.
h. La cravate est rouge et jaune.

B. Partie écrite: Refaites les phrases suivantes à la forme interrogative.

> *Les viellards se promènent.*
>
> Réponse: *Les viellards se promènent-ils?*

a. Les amants marchent au soleil.
b. La poule se pavane dans le cour.
c. L'Américain parle de sa vie.
d. L'homme veut mourir d'un coup de soleil.
e. Le mari préfère aller à la plage.
f. Le garçon se tourne vers la jeune fille.
g. Le Russe joue de la harpe.
h. Le fermier s'approche de la vache.

III. Composition

*A. Refaites cette histoire en employant d'autres noms, un autre lieu et d'autres vêtements.

*B. Préparez un exercice basé sur l'histoire dans lequel vous donnez quelques phrases qui sont vraies et d'autres qui sont fausses. Demandez aux étudiants de corriger les phrases qui sont fausses.

*

IV. Projet de classe

Préparez pour présentation la piécette suivante.

— Piécette —

LA MORT IMPOSSIBLE

Le Soleil   Le Professeur
Le Cochon   La Classe
Le Mari

Le Soleil: (brillamment) Je suis le Soleil.

La Classe: Voilà le Soleil! Nous sommes ensoleillés.

Le Cochon: (à la manière d'un cochon) Je suis un cochon-capitaliste.

La Classe: Voilà le cochon-capitaliste. Nous sommes ennemis de classe.

Le Mari: (avec colère) Je suis un mari jaloux.

La Classe: Voilà le mari jaloux. Nous ne savons rien.

Le Soleil: (au professeur) Voulez-vous mourir par un de mes coups?

Le Professeur: Non. Ce n'est pas une mort impossible!

La Classe: (l'écho) Pas une mort impossible!

Le Cochon: Voulez-vous mourir d'un de mes coups?

Le Professeur: Ce n'est pas une mort impossible.

La Classe: Pas une mort impossible.

Le Mari: Voulez-vous mourir d'un de mes coups?

Le Professeur: Non. Ce n'est pas une mort impossible.

La Classe: Pas une mort impossible!

Le Soleil: Comment voulez-vous donc mourir?

Le Cochon: Quelle est votre idée d'une mort impossible?

Le Mari: Dites-nous quelle mort cherchez-vous.

Le Professeur: Je vous annonce le rêve des professeurs. Je veux mourir du coup d'un étudiant absent.

La Classe: Bravo! Bravo!

LES RITUELS

Un rituel est un série de réponses automatiques qui sont composées sur un modèle. Quand on entend la première phrase d'un rituel, il faut dire la phrase suivante. Les rituels introduisent l'étude des problèmes de grammaire avant l'étude des règles qu'ils démontrent.

Pour être utile, une phrase rituelle doit constituer une réponse automatique à la phrase précédente. Il faut apprendre par coeur les rituels et les employer souvent en classe dans une situation convenable.

Nous offrons les exemples suivants mais en même temps nous vous encourageons à composer vos propres rituels qui correspondent à vos besoins et à vos intérêts.

1. Quand l'étudiant(e) fait une faute sérieuse.
   Le professeur: Espèce d'idiot(e)!
   L'étudiant(e): Pardonnez-moi, monsieur le professeur.
   Le professeur: Qu'est-ce que vous avez fait?
   L'étudiant(e): J'ai fait une faute sérieuse.
   Le professeur: Ça ne fait rien.
   L'étudiant(e): Comme vous êtes gentil(le)!

2. Quand l'étudiant(e) arrive en retard en classe.
   Le professeur: Vous êtes en retard, monsieur (ou mademoiselle).
   L'étudiant(e): Excusez-moi, s'il vous plaît.
   Le professeur: Je vous pardonnerai si vous n'êtes jamais plus en retard.
   L'étudiant(e): Je vous le promets, monsieur.
   Le professeur: Bon, alors, asseyez-vous.
   L'étudiant(e): Avec plaisir.

3. Quand l'étudiant(e) ne fait pas attention à son professeur.
   Le professeur: Monsieur (ou Mademoiselle), avez-vous quelque chose de plus important à faire que le français?
   L'étudiant(e): Il n'y a rien de plus important que le français.
   Le professeur: Ce que vous faisiez, c'était du français?
   L'étudiant(e): Ce que je faisais, ce que je fais, ce que je ferai — ce sera toujours du français.
   Le professeur: Bravo à un étudiant(e) supérieur(e)!
   L'étudiant(e): C'est exact parce que vous êtes mon professeur.

LA TENTATION DE MIMI

s'affaler	to flop down	lécher	to lick
bâiller	to yawn	luisant	glossy, shiny
baisser	to lower	le pas	step
la caniche	poodle	la patte	paw
une consigne	order, command	le piège	trap
éclatant	sparkling	le poil	hair (of an animal)
étendre	to stretch out	le soupir	sigh
frisé	curly	les sucreries (f)	sweets
la gueule	mouth (of animal)	la taille	figure, shape
		le tapis	rug

Voilà Mimi!

   Elle dort étendue* devant la cheminée du salon.

   Quelle caniche* charmante – si élégante, si fière, si coquette!

   Bien sûr, toutes les chiennes sont jalouses de Mimi. Bien sûr,
tous les chiens désirent Mimi.   5

   Comme son poil* noir est luisant! * Comme ses oreilles sont
longues et frisées! * Quelle belle taille! * Ce n'est pas la taille
d'une chienne mal élevée, gâtée, abandonnée. C'est la taille d'une

chienne bien élevée, respectée, adorée. Elle ne mange jamais sans
permission de morceaux de gâteau ou de pâtisserie. Elle ne
mange jamais non plus de bonbons sans permission.

Ah! Qu'est-ce qui se passe?

Elle se réveille.

Elle ouvre les yeux. Ah, comme ils sont bruns et éclatants! *   5

Elle lève la tête. Quel joli profil!

Elle bâille.*

Es-tu encore fatiguée, Mimi? Non?

Qu'est-ce qu'elle a? Son nez se contracte. Sa tête tourne.   10

Ah, tu sens quelque chose? Qu'est-ce que c'est?

Ah, la voilà! Une assiette pleine de bonbons posée sur une table
basse dans un coin.

Attention, Mimi! Il y a un piège* là. Résiste à la tentation.

Oui, tu adores les sucreries* mais rappelle-toi la consigne.*   15

Rappelle-toi ta taille.

Mais non, elle se lève. A pas* mesuré, elle s'approche de la table
basse – de la tentation irrésistible.

Non, non, Mimi! Fais attention! Ne touche pas à ce
chocolat succulent. C'est le diable, Mimi. Résiste! Résiste!   20

Où vas-tu Mimi?

Elle prend le bonbon de l'assiette et le porte au milieu du salon.
Elle s'affale* sur le tapis,* le bonbon entre les pattes.*

Mimi, arrête-toi! Défense de manger des bonbons sans
permission. Tu le sais.   25

Ouf, quelle triste affaire! Regarde comme elle commence à le
lécher.* Voilà sa langue prête à caresser le chocolat. Ah, comme
ses yeux regardent les bonbons!

Mais, alors, Qu'est-ce qui se passe maintenant! Est-ce possible?
Est-ce vrai? Oui! Elle pose le bonbon sur le tapis. Elle s'assied.   30
Elle le contemple.

Pouquoi?

A quoi penses-tu, Mimi? A ta taille? Penses-tu à la
consigne? Penses-tu aux tentations d'un monde cruel?

Oui, Mimi. Lève-toi au-dessus des tentations. Résiste   35
jusqu'à la fin. Sois un ange, mon petit caniche. Ah, Mimi,
tu décides. Tu gagnes ou tu perds? Comment?

Quel soupir* plein de résignation!

Elle reprend le bonbon dans sa gueule.*

Non, Mimi, ne le mange pas.   40

Ah, elle se lève encore.

Elle rapporte le bonbon vers la table basse.

     En avant!   En avant!

Elle se rapproche de la table basse.

     Continue, Mimi, continue!   5

Elle lève les yeux au ciel comme un martyr!

Elle laisse tomber le bonbon dans l'assiette.

           Un regard triomphant.

Elle retourne à la cheminée.

    s'étend devant le feu qui flambe.   10

    baisse* la tête.

           Un soupir final.

    ferme les yeux.

    dort.

     Bravo, Mimi, bravo!   Voici un bonbon pour toi! 15

QUESTIONNAIRE

1. Qui est Mimi?
2. Où est-elle?
3. Que fait-elle?
4. Qui désire Mimi?
5. De quelle couleur est son poil?
6. Comment sont ses oreilles?   ses yeux?
7. Qu'est-ce qui se passe?
8. Comment savez-vous qu'elle n'est pas une chienne mal élevée?
9. Mange-t-elle des gâteaux sans permission?
10. Pourquoi Mimi se réveille-t-elle?
11. Qu'est-ce qu'elle fait quand elle se réveille?
12. Où sont les bonbons?
13; Que fait-elle quand elle regarde les bonbons?
14. Comment s'approche-t-elle de la table?
15. Où s'affale-t-elle?
16. Où pose-t-elle le bonbon?
17. Qu'est-ce qu'elle commence à faire?
18. Qu'est-ce qu'elle fait ensuite?
19. Où reprend-elle le bonbon?
20. Vers quoi rapporte-t-elle le bonbon?
21. Où laisse-t-elle tomber le bonbon?
22. Où retourne-t-elle?
23. Où s'étend-elle?
24. Avez-vous un bonbon pour Mimi?

EXERCICES

I. Vocabulaire

A. Partie orale: Répondez en employant *plus . . . que* selon l'exemple.

> *Lequel est plus élégant, un cochon ou un caniche?*
> Réponse: *Un caniche est plus élégant qu'un cochon.*

a. Lequel est plus long, une langue ou un pied?
b. Lequel est plus cruel, un diable ou un ange?
c. Lequel est plus fier, un garçon ou une jeune fille?
d. Lequel est plus irrésistible, une consigne ou une tentation?
e. Lesquels sont plus éclatants, les yeux ou les oreilles?

B. Partie écrite:
1. Posez des questions originales en employant *aimer* et les infinitifs suivants.

> *trouver*
> Réponse: *Aimez-vous trouver les pâtisseries dans le réfrigérateur?*

a. regarder	c. mendier	e. lécher
b. penser à	d. baisser	f. laisser tomber

2. Trouvez dans le texte le contraire des mots suivants et employez ces antonymes dans une phrase originale.

> *sans — avec*
> Réponse: *Je mange les bonbons sans une fourchette, mais je mange le gâteau avec une fourchette.*

a. vide	d. haut	g. le diable	j. baisser
b. fier	e. devant	h. au-dessous	k. heureux
c. court	f. ouvrir	i. se coucher	l. laisser tomber

II. Grammaire

A. Partie orale:

1. Faites des expressions en employant l'exemple.

heureux — homme
Réponse: *Quel homme heureux!*
   (Rappelez-vous le genre des noms et la position des
      adjectifs.)

Adjectifs	Noms
a. délicieux	bonbon, pâtisserie, gâteau, chocolat, sucrerie
b. beau	table, ciel, tapis, yeux, assiette
c. irrésistible	tentation, femme, chocolat, caniche, ange

2. Changez les phrases suivantes selon l'exemple.

J'adore les bonbons.
Réponse: *Comme vous adorez les bonbons!*

a. Elle est adorée.   d. Je regarde gravement le feu.
b. Je suis adoré.   e. Cette affaire est triste.
c. Je suis un ange.   f. Le chien aime le chocolat.

3. Répondez aux questions en employant *ne . . . jamais.*

Dormez-vous devant la cheminée?
Réponse: *Non, je ne dors jamais devant la cheminée.*

a. Mangez-vous du chocolat?   d. Résistez-vous aux tentations?
b. Bâillez-vous en classe?   e. Contemplez-vous le ciel?
c. Etes-vous un ange?   f. Pensez-vous aux caniches?

B. Partie écrite:
1. Employez la forme impérative selon l'exemple.

Dites à quelqu'un de s'étendre devant le feu.
Réponse: *Étendez-vous devant le feu.*

Dites à quelqu'un de
a. se contracter le nez.   d. se réveiller de bonne heure.
b. s'asseoir près du feu.   e. se rapprocher de la cheminée.
c. s'approcher de la table.   f. s'affaler sur le tapis.

2. Posez des questions en employant *qui* ou *qu'est-ce qui* selon le cas.

Le feu (chose ou animal) flambe.
Réponse: *Qu'est-ce qui flambe?*
La femme (personne) mange un gâteau.
Réponse: *Qui mange un gâteau?*

a. Le caniche dort devant la cheminée.
b. La pâtisserie tombe sur le tapis.
c. La table basse se trouve dans le coin.
d. Le chien désire un morceau de gâteau.
e. Le nez se contracte.
f. Le diable se moque toujours des anges.
g. Le fermier laisse le canard devant la grange.
h. Le cochon s'spproche des sucreries.

III. Composition

A.   Refaites cette histoire du point de vue du diable.

B.   Refaites cette histoire du point de vue d'une chienne abandonnée.

C.   Écrivez le monologue intérieur de Mimi en face des bonbons.

D.   Préparez un exercice qui demande aux étudiants de mettre des phrases à la forme négative.

IV. Projets de Classe

A. Préparez un tableau en miniature du salon de Mimi avec la cheminée, la table basse, le tapis, etc.

B. Préparez pour présentation la piécette à la page 34.

V. Pour stimuler une discussion

Demandez à un(e) camarade
1. s'il (elle) aime dormir devant la cheminée.
2. s'il (elle) a un caniche.
3. s'il (elle) a une belle taille.
4. s'il (elle) aime les bonbons
5. l'heure où il (elle) se réveille.
6. la couleur de ses yeux. (De quelle couleur . . .)
7. quand il (elle) bâille le plus.
8. s'il (elle) est fatigué(e).
9. s'il (elle) peut résister aux tentations.
10. de qui il (elle) est jaloux (se).

VI. Pour le caricaturiste

Dessinez une caricature où il y a un ange (portant un halo) assis sur un petit nuage. Il y a encore un petit nuage devant et un peu au-dessous de lui. Il pêche dans ce nuage. Au bout de sa ligne, juste au-dessus du nuage vide, il y a un petit poisson qui porte un petit halo.

LA RÉVOLTE

L'Étudiant   Le Professeur
La Classe

(L'étudiant se lève, prend un livre de son pupitre, ferme les yeux, s'approche du professeur, lève le livre au-dessus de sa tête.)

La Classe:	En avant! En avant!
L'Étudiant:	(au professeur) Vous êtes le diable!
La Classe:	(répétant) C'est le diable! C'est le diable!
Le Professeur:	Résiste! Résiste! Défense d'attaquer un professeur sans permission. Sois un ange!
L'Étudiant:	(les yeux encore fermés) Non. Je suis un martyr!
La Classe:	C'est un martyr! C'est un martyr!
Le Professeur:	Un martyr de quoi?
L'Étudiant:	Un martyr de vos consignes!
Le Professeur:	Enfants gâtés! mal élévés! abandonnés! (A ces mots, toute la classe se lève et se dirige vers le professur d'un air menaçant.)
La Classe:	Non, respectés! aimés! adorés! (L'étudiant ouvre ses yeux, laisse tomber le livre, baisse la tête, s'incline devant le professeur.)
L'Étudiant:	Excusons-nous. Mais, c'est une tentation irrésistible. Maintenant vous appréciez le rôle d'un éléve.
La Classe:	(triomphante) Nous pouvons retourner à nos places. (de leurs places) La comédie est finie.

JUGEMENT

D'après Anne Bodart

une amende	fine, penalty	une étiquette	label
la barrique	cask	la fourmi	ant
son bon pays	his own home ground	juger	to judge
le bouchon	stopper	un ongle	finger nail
cassé	broken	par-dessous	underneath
la cave	cellar	une peine	punishment
le coupable	guilty one	la pierre	stone
digérer	to digest	poussié-	
s'échapper	to escape	reux(se)	dusty
écraser	to crush	la poutre	beam
s'ennuyer	to be bored	se serrer	to hold onto
éternuer	to sneeze	soupirer	to sigh
		le verre	glass

⇜⇝⇜⇝

La fourmi* tremble: Il fait froid dans la cave* noire. Par la petite fenêtre, une lune très pâle entre pour se reposer. Trois barriques* de vin dorment dans un coin sombre et, sur une table poussiéreuse,* il y a de grandes bouteilles aux couleurs de mer profonde. 5

La porte ferme bien: les poutres* de plafond sont solides et vieilles et l'escalier qui mène à la porte est de pierre.* Aucun moyen de s'échapper.*

Alors, à l'entrée d'un courant d'air par la fenêtre, un courant froid malgré la saison, la fourmi éternue.* Cela ne fait pas beau- 10 coup de bruit, mais les trois rats l'entendent bien.

— Pourquoi éternues-tu, fourmi? demande le rat botaniste, le plus jeune des trois.

La fourmi regarde ses gardiens: elle pense à s'échapper.

— Parce que j'ai froid, Seigneur le Rat, répond-elle poliment. 15

QUESTIONNAIRE

1. Décrivez la cave.
2. Qui veut s'échapper?
3. Pourquoi la fourmi éternue-t-elle?

Le rat savant, qui ne sait pas lire mais qui digère* beaucoup de livres et de faits divers dit sévèrement:

— Pourquoi avez-vous froid, condamnée?

La fourmi regarde le rat curieusement: il porte des lunettes aux verres* si sales qu'il ne peut pas bien voir et est obligé de   5
mettre les lunettes sur son nez et de regarder par-dessous.* La fourmi trouve très bête cette question. Elle ne répond pas. Elle pense à la stupidité de manger tant de papier sans savoir lire ce qui se trouve dessus. Elle demande.

—Pourquoi m'appelez-vous condamnée, Seigneur le Rat?   10

Le troisième réfléchit un temps et répond de sa voix de rat magistrat.

— Parce que vous êtes notre prisonnière et nous allons vous juger.* Vous êtes dans notre territoire sans autorisation. Cela n'est pas permis. Vous ne savez pas notre système de peines* et 15 d'amendes? *

4. Quels sont les gardiens de la fourmi?
5. Pourquoi le rat savant ne peut-il pas bien voir?
6. A quoi la fourmi pense-t-elle?
7. Pourquoi le rat considère-t-il la fourmi condamnée?

36

La fourmi soupire.* Elle ne comprend vraiment pas. Les peines et les amendes sont des animaux plus étranges à la fourmi encore que les rats. Elle conclut, certainement, qu'ils sont ses ennemis puisqu'ils sont les amis des rats. Elle se promet de mettre ses soeurs en garde contre eux, à son retour dans son bon petit   5
pays* dans la cuisine.

La fourmi s'ennuie.*

—Qu'allez-vous faire, maintenant, Seigneurs les Rats?   demande-t-elle.

—Nous attendons le jour, dit le rat botaniste.   10

—Pouquoi cela?   continue humblement la fourmi.

— Parce que c'est alors que vous devez mourir, dit calmement le rat magistrat. C'est la peine capitale.

La fourmi est prise de panique. Elle regarde vite encore une fois tout autour d'elle: la porte, l'escalier, la fenêtre, les poutres, et la 15
table; la table, les poutres, la fenêtre et tout le reste. Puis elle fixe la table. Il y a des étiquettes* sur les bouteilles, et des inscriptions sur ces étiquettes. Machinalement, la fourmi lit quelques étiquettes. "Mercurochrome . . . , éther sulfurique . . . , mort-aux-rats . . ." Mort-aux rats? . . . La fourmi bénit sa mère qui apprend 20
à ses enfants à lire. . .

Laissez-moi d'abord vous offrir quelque chose, Seigneurs les Rats, supplie-t-elle, un élixir merveilleux . . . que je viens de découvrir dans votre cave.

Et elle désigne la bouteille aux rats.   25

Le rat botaniste regarde le rat savant qui regarde le rat magistrat. Le rat magistrat regarde la porte bien fermée, l'escalier de pierre, la petite fenêtre et la lune pâle, les poutres et la table. Puis il monte sur la table pendant que les deux autres rats se serrent*
de chaque côté de leur prisonnière.   30

Bientôt il apporte la bouteille au liquide brillant et tous les

---

8.   Qu'est-ce que la fourmi ne comprend pas?
9.   Qu'est-ce qu'elle se promet?
10.   Pourquoi la fourmi s'ennuie-t-elle?
11.   Pourquoi les rats attendent-ils le jour?
12.   Qu'est-ce que la fourmi regarde?
13.   Qu'est-ce qu'il y a sur les bouteilles?   sur les étiquettes?
14.   A quelle inscription la fourmi s'intéresse-t-elle?
15.   Qui bénit-elle?
16.   Qu'est-ce qu'elle désigne aux rats?
17.   Qui monte sur la table?
18.   Qu'est-ce qu'il y a dans la bouteille?

trois attaquent le bouchon.* Aussitôt, la fourmi part. Ses trois
juges sont si occupés qu'ils ne voient pas son départ.

Le lendemain, la fourmi est dans son bon pays à la cuisine. Au-
dessus de sa tête, il y a le maître, ses trois filles et la maîtresse qui
déjeunent.   5

— Je viens de trouver trois rats morts dans la cave, dit le maître.
Ils sont morts tous les trois avec la bouteille à côté d'eux, cassée*. .
C'est drôle de penser aux rats qui boivent, apparemment, une
bouteille de la mort-aux-rats!

—C'est la fourmi qui mange ta confiture qui est la coupable,*   10
dit sa femme qui rit.

Elle prend la fourmi sur le bout de son ongle,* puis elle
l'écrase* sous son pied.

---

19. Quand la fourmi s'échappe-t-elle?
20. Où la fourmi se trouve-t-elle le lendemain?
21. Qu'est-ce que le maître vient de trouver?
22. Que fait la maîtresse? Pourquoi?

EXERCICES

I. Vocabulaire

A. Partie orale:

1. Reprise. Formez des phrases en employant *venir de* selon l'exemple.

    La fourmi tremble.
    Réponse: *La fourmi vient de trembler.*

    a. Le rat fixe le ciel.
    b. La maîtresse rit.
    c. La famille déjeune.
    d. Les gardiens regardent les rats.
    e. Les fourmis attaquent la cave.
    f. La fille trouve l'élixir.

2. Refaites les phrases suivantes en employant l'adverbe qui correspond à chaque nom en italique.

    Ce soir il dort avec tranquillité.
    Réponse: *Ce soir il dort tranquillement.*

    a. Il regard le rat *avec sévérité*.
    b. Elle sort de la cave *avec humilité*.
    c. Il entre *avec politesse*.
    d. Il parle *avec calme.*
    e. Il fixe la bouteille *avec attention*.

B. Partie écrite:

1. Ajoutez quelques mots pour faire des phrases originales.

    a. Vous devez mourir puisque . . . .
    b. Elle monte sur la table pour . . . .
    c. Le rat éternue parce que . . . .
    d. C'est drôle de penser à . . . .
    e. La maîtresse vient de . . . .

2. Trouvez dans le texte les antonymes des mots suivants.

    a. l'innocent   d. le frère   g. net   j. l'intelligence
    b. l'arrivée   e. naître   h. l'ami   k. la sortie
    c. descendre   f. dessous   i. ouvrir   l. le plancher

II. Grammaire

A. Partie orale:

1. Posez des questions en employant *Que* selon l'exemple.

> *La fourmi voit la table.*
> Réponse   *Que voit la fourmi?*

a. Le juge fixe la poutre.
b. Le rat prend le bouchon.
c. La maîtresse regarde la confiture.
d. Le maître trouve les bouteilles.
e. La fille lit les étiquettes.
f. La prisonnière comprend la peine.

2. Reprise: Posez des questions en employant *Qui* ou *Qu'est-ce qui* selon l'exemple.

> *L'Homme (personne) regarde la table.*
> Réponse: *Qui regarde la table?*
> *Le livre (chose ou animal) tombe.*
> Réponse: *Qu'est-ce qui tombe?*

a. Le maître éternue.
b. Le rat s'ennuie.
c. Le juge attaque le système.
d. La bouteille est sur la table.
e. Le vin se trouve dans la cave.
f. La maîtresse écrase la fourmi.

B. Partie écrite: Combinez les deux phrases en une. Employez *si . . . que* selon l'exemple.

> *Le juge est occupé. Il ne voit pas mon départ.*
> Réponse: *Le juge est si occupé qu'il ne voit pas mon départ.*

a. Le rat dort bien. Il n'entend pas le bruit.
b. La fourmi a froid. Elle éternue.
c. La cave est sombre. Je ne peux pas voir la table.
d. La jeune fille marche vite. Elle ne voit pas l'escalier.
e. Le juge regarde la prisonnière sévèrement. Il tremble.
f. Mes lunettes sont sales. Je ne peux pas voir le mur.

III. Composition

A. Écrivez une scène dans laquelle la mère des fourmis apprend
    à ses enfants à lire.

B. Écrivez une scène dans laquelle les rats mangent la mort-
    aux-rats.

IV. Projet de classe

Écrivez une piécette semblable aux précédentes dans laquelle
trois étudiants sont les juges d'un professeur qui traverse leur
territoire sans autorisation formelle.

V. Pour le caricaturiste

Dessinez une très grande bouteille de champagne. Attaché à un
long ruban qui est suspendu du bouchon il y a un petit transatlantique.
Une femme tient le transatlantique à la main comme si elle veut
l'employer à lancer la bouteille. Il y a plusieurs autres person-
nages qui regardent la scène. La femme et les gens sont petits en
comparaison de la bouteille et ils sont debout sur une plateforme.

VI. Pour stimuler une discussion

Répondez aux questions suivantes:

1. Y a-t-il une cave dans votre maison?   Décrivez-la.
2. Avez-vous des fourmis à la maison?   des rats?
3. D'habitude quand éternue-t-on?
4. Portez-vous des lunettes?
5. Quand emploie-t-on du mercurochrome?
6. Qu'est-ce qu'un botaniste étudie?
7. Qu'est-ce que votre professeur apprend à ces élèves?
8. Dans quelle pièce déjeune-t-on chez vous?
9. Quand vous ennuyez-vous?
10. Qu'allez-vous faire cet après-midi?   Pourquoi cela?

HUIT HISTOIRETTES

un acier	steel	incrédule	incredulous
agacé	aggravated	la joue	cheek
un aigle	eagle	la méfiance	suspicion
aiguë	sharp, keen	ôter	to take away
un âne	ass, donkey	parfois	sometimes
le calcul	calculation	la poitrine	chest
la chair	flesh	le rapide	express train
le cuivre	copper	la reine	queen
filer	to move along	renifler	to sniff
le gamin	young boy	la virgule	comma
gratter	to scratch	la vue	vision
le guillemet	parenthesis		

~~~~~~~~

Devinette

Il y a une bien curieuse machine. C'est la reine* des machines.
Elle n'est pas faite en cuivre* ou en acier.* Elle n'est pas plus dure
que la chair* de votre bras, et cependant elle bat plus de quatre
mille fois dans une heure, plus de cent mille fois par jour et trente-
six millions sept cent mille fois par an. Quelquefois, mais pas
souvent, cette machine dure un siècle entier. Qu'est-ce que c'est?

Pour stimuler une discussion:

1. Est-ce que cette machine est vraiment une machine mécanique?
2. Est-ce qu'il y a une machine du mouvement perpetuel?
3. Savez-vous où on peut trouver une machine qui dure un
   siècle entier?

L'Excuse

Pierre Lefort est un enfant qui n'aime pas aller à l'école. Un
jour il a l'idée de téléphoner à son maître et lui dire: «Monsieur,
mon fils ne va pas bien aujourd'hui. Il ne peut pas venir en
classe.»

Le maître demande: «Ah, c'est dommage. Mais qui parle? »
L'enfant: «C'est papa.»

Pour stimuler une discussion:

1. Qui téléphone ordinairement à l'école quand vous êtes malade?
2. Jouez-vous jamais un tour comme le précédent?

Une bonne place

Madame Buge rencontre dans la rue le fils d'une amie. C'est un gamin* de neuf ans qui revient de l'école. Elle admire sa bonne taille et ses joues* fraîches. Puis elle demande au garçon:
— Qu'est-ce que tu préfères à l'école?
— Les vacances, Madame.
— C'est vrai? Tu n'aimes pas l'école?
— Non, Madame.
— Alors, tu as au moins une bonne place à l'école?
— Ah, oui, madame; je suis assis à côté des radiateurs.

Pour stimuler une discussion:

1. Que préférez-vous à l'école?
2. Y avez-vous une bonne place?

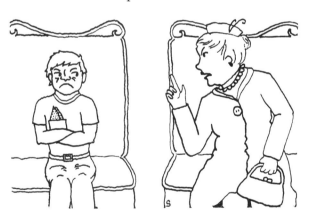

Le mouchoir

La vieille dame, assise en face du petit gamin, dans l'autobus, est très agacée* de l'entendre renifler* continuellement. À la fin elle dit: «Dites-moi, mon petit ami, n'avez-vous pas de mouchoir?»

Le petit ami considère la dame avec méfiance,* «Si . . . , mais je ne le prête jamais aux étrangers! »

Pour stimuler une discussion

1. Qu'est-ce que vous voyez dans l'autobus qui vous intéresse?
2. Avez-vous toujours un mouchoir sur vous?
3. Parlez-vous aux étrangers dans l'autobus?

Une leçon de mathématiques

Le professeur à Paul qui a sept ans:
—Voyons, mon garçon, vous comprenez bien la soustraction. Alors, dites-moi, 3 ôté* de 6, il reste combien?
— 3, monsieur.
— Bien. Et si de 9 j'ôte 9, il reste combien?
— Je ne sais pas, monsieur.
— Voyons, vous avez neuf francs dans votre poche. Vous les perdez. Qu'y a-t-il dans votre poche?
— Un trou, monsieur!

Pour stimuler une discussion:

1. Combien d'argent avez-vous dans votre poche?
2. Comprenez-vous la soustraction? la multiplication? la division?
3. Combien font 4 ôté de 9? 9 ôté de 15? 7 ôté de 11?
4. Avez-vous un trou dans votre poche? dans votre tête?

Le calcul* rapid

René Leclerc, le célèbre calculateur, va de Marseille à Paris en rapide* avec son cousin. Le train va très vite, il file* à 90 à l'heure. Il longe une route et sur la route passe un troupeau de moutons.
— 10, 17, 41, 60, 93, 125, 178 . . . moutons, compte Leclerc. Son cousin, surpris par un calcul aussi rapide, demande une explication.
— C'est très simple, réplique Leclerc. Je compte les pattes et divise par quatre. Et alors, j'ajoute trois, parce qu'il y a un mouton qui n'a que trois pattes.

Pour stimuler une discussion:

1. Quel est le calculateur le plus célèbre du monde?
2. Voyez-vous jamais un troupeau de moutons sur la route?
3. Combien font 10 divisé par 5, 14 par 7, 15 par 3?

La ponctuation

Le maire visite l'école. Le professeur est en train de parler des avantages de la bonne ponctuation. Le maire, intervenant: « Ah! vous savez, la ponctuation? Est-ce bien utile? »

Le professeur envoie un élève au tableau: — "Voici un exemple. Ecrivez:

« Le maire dit — deux points, ouvrez les guillemets* — Le professeur est un âne — point, fermez les guillemets.» (Le maire dit: « Le professeur est un âne.*»)

Le maire proteste: « Ah! non, je ne dis pas cela.»

— Attendez, dit le professeur: voici la même phrase, mais je change la ponctuation:

« Le maire — virgule* — dit le professeur — virgule — est un âne - point.» (Le maire, dit le professeur, est un âne.)

— Vous savez, mes enfants, que la ponctuation suffit parfois* pour changer le sens d'une phrase.

Pour stimuler une conversation

1. Comment s'appelle le maire de votre ville? Visite-t-il jamais vos classes?
2. Votre professeur est-il un âne?

Comment distinguer une mouche au mur

Un beau jour d'été, les deux compagnons Gaston et Marcel, l'un Gascon, l'autre Marseillais, discutent ensemble.

« Moi, dit Marcel en se frappant énergiquement la poitrine,* j'ai de bons yeux. J'ai la vue* aussi aiguë* qu'un aigle.*»

— Si aiguë que ça, vraiment? dit Gaston, incrédule.*

— Au moins! affirme Marcel avec aplomb.

— Eh bien, reprend Gaston, je veux bien le croire, mais donne-moi donc une preuve!

— Très facile, réplique Marcel. Vois-tu là-bas cette grange?

— Oui, dit Gaston, je la vois.

— Eh bien, continue Marcel, je vois sur cette grange une mouche qui marche lentement le long du mur.

— Tu la vois? Peuh! dit l'autre.

— Comment! reprend Marcel, piqué. Tu peux la voir aussi, toi, par hasard?

— Pas du tout, dit Gaston. Mais je l'entends gratter* avec ses pattes."

Projet de classe

Refaites une de ces histoirettes en piécette pour présentation.

LA GRANDE ERREUR

avoir envie de	to want	**s'évanouir**	to faint
avoir lieu	to take place	**éveiller**	to awaken
la chasse	hunt	**la nourrice**	nurse
le chevalier	knight	**un ours**	bear
le conseiller	adviser	**le sang**	blood
en dehors de	outside of	**soigner**	to take care of
la douleur	pain, suffering	**tant**	so much
une épée	sword	**le trou**	hole

Bencilas, un des conseillers* du roi, raconte cette histoire.

— Il y a dans notre ville de Rome un chevalier* et sa femme qui demeurent près des murs. Ils ont un petit enfant qu'ils aiment de tout leur coeur. Ils l'aiment tant* qu'ils ont trois nourrices* pour le soigner* et le garder. Un jour de fête le chevalier et sa femme sortent de la ville pour regarder une chasse* à l'ours.* Cette chasse a lieu* en dehors* des murs. Les nourrices soignent l'enfant, et le chien de la famille se couche à côté du lit. 5

La première nourrice lave l'enfant; la deuxième nourrice l'habille pour la nuit; et la troisième nourrice le place dans son petit lit. 10

Bientôt les nourrices entendent le bruit de la chasse en dehors des murs. Elles ont envie* de voir la chasse. Elles sortent de la chambre pour se rendre sur le mur pour regarder la chasse. 15

Le chien est toujours là pour garder l'enfant. Mais un autre entend la chasse aussi. C'est un serpent dangereux. Le bruit lui fait peur et il sort de son trou* dans le mur. Il voit la fenêtre ouverte et il entre dans la chambre de l'enfant.

Quand il voit l'enfant il n'entend plus le bruit. Il pense seule- 20 ment à dévorer le petit bébé.

QUESTIONNAIRE

1. Qui demeure près des murs de Rome?
2. Comment aiment-ils leur enfant?
3. Pourquoi sortent-ils de la ville un jour de fête?
4. Que font les nourrices?
5. Où le chien se couche-t-il?
6. Qu'est-ce que les nourrices entendent?
7. Que font-elles?
8. Pourquoi le serpent sort-il de son trou?
9. Où va-t-il?

Mais alors le chien qui garde l'enfant se lève, attaque le serpent et prend la tête de la bête dans sa gueule.

Ils se battent et pendant le combat le lit est renversé. Mais heureusement, le bébé continue à dormir. Bientôt le chien tue le serpent. Il le déchire en petits morceaux, couverts de sang.*   5
Ensuite il se couche encore à côté du lit.

Peu de temps après les trois nourrices retournent à la chambre. Elles voient le lit renversé, et les morceaux couverts de sang. Elles crient: – O!   Notre bébé a été tué par le chien!

Elles sortent vite de la chambre. En sortant elles rencontrent   10
la mère qui retourne pour regarder son enfant. À la vue du lit renversé et des morceaux couverts de sang elle s'évanouit.* Le père aussi retourne en ce moment, et à la vue de sa femme évanouie, le lit renversé, les morceaux déchirés, et la bouche du chien couverte de sang, il est frappé d'horreur.   15

Sans réfléchir, il tire son épée* et d'un seul coup il tue le chien.

Tout à coup le bébé, éveillé* par tout le bruit dans sa chambre, pleure dans son lit. Vous pensez bien que le chevalier et sa femme sont ravis à la vue de leur enfant, qu'ils pensent déchiré   20
en morceaux, encore vivant.

Mais quand ils pensent au chien mort, tué par l'épée de son maître, ce chien qui est le sauveur de leur enfant, ils sont frappés de douleur.*

À la fin de son histoire Bencilas dit: 25

– Oh! Mon roi! Pensez à la douleur du chevalier et de sa femme! Prenez garde! Ne faites jamais la même erreur.

– Et alors, que fait le pauvre chevalier? demande le roi au maître.

Bencilas lui répond: – Mon roi, le pauvre homme est si triste   30
à la pensée de son action qu'il quitte sa famille pour faire péni-
tence. Vous voyez, Sire, que l'on doit apprendre les faits avant‹ d'entreprendre une action importante. Tuer son chien fidèle sans savoir les faits, voilà la grande erreur du chevalier.

10.   Qu'est-ce qui se passe dans la chambre?
11.   Qu'est-ce qui se passe quand les nourrices retournent?
12.   Qu'est-ce que la mère fait en voyant la scène dans la chambre?
13.   Que fait le père?
14.   Pourquoi le chevalier et sa femme sont-ils ravis?
15.   Mais en même temps pourquoi sont-ils frappés de douleur?
16.   Quelle est la morale de cette histoire?

EXERCICES

I. Vocabulaire

A.   Partie orale: Répondez en employant l'exemple.

1.   *Où la foire a-t-elle lieu?   au village.*
Réponse: *La foire a lieu au village.*

a.   a. Où la chasse a-t-elle lieu? dans la forêt
     b. Où la fête a-t-elle lieu? à Rome
     c. Où l'action a-t-elle lieu? en ville
     d. Où l'attaque a-t-elle lieu? en dehors des murs
     e. Où la conversation a-t-elle lieu? dans la chambre
     f. Où la tentation a-t-elle lieu? devant la cheminée
     g. Où l'histoire a-t-elle lieu? près du château
     h. Où le dialogue a-t-il lieu? à côté de la chambre

2.   *Où vous rendez-vous?   au village.*
Réponse: *Je me rends au village.*

Où vous rendez-vous?
a. aux murs   c. en ville   e. dans la forêt
b. à Rome   d. au château   f. à la chambre

B.   Partie écrite: Ajoutez quelques mots pour faire des phrases originales.

a. Quand il voit les serpents . . . .
b. Tout à coup la nourrice . . . .
c. Peu de temps après le chevalier . . . .
d. Bientôt le chien . . . .
e. Mais heureusement l'ours . . . .
f. Quand il entend le bruit . . . .
g. Il y a dans notre ville . . . .
h. Vous voyez, monsieur le professeur, que l'on doit . . . . . .
i. Je pense seulement à . . . .
j. Il est frappé d'horreur parce que . . . .

II. Grammaire

A. Partie orale:

1. Faites la relation possessive entre les noms suivants selon l'exemple.

la famille — le chien
Réponse: *le chien de la famille*

a. l'enfant — la tête
b. la mère — le coeur
c. le chien — l'action

d. le serpent — la bouche
e. la nourrice — l'erreur
f. le chevalier — la femme

2. Combinez les deux phrases en employant l'exemple.

Je vais à la fenêtre. Je vois la chasse
Réponse: *Je vais à la fenêtre pour voir la chasse.*

a. Il sort de la chambre. Il appelle la nourrice.
b. Il chasse le serpent. Il sauve l'enfant.
c. Elle quitte la chambre. Elle se rend au salon.
d. Elle reste au parc. Elle regarde les bébés.
e. J'étudie mes leçons. J'apprends le français.

B. Partie écrite: Refaites les phrases à la forme interrogative selon l'exemple.

Les chevaliers se battent devant les murs.
Réponse: *Les chevaliers se battent-ils devant les murs?*

a. La mère se rend à la chambre.
b. Le combat a lieu aux murs.
c. Le chien renverse le lit.
d. Le serpent attaque le bébé.
e. Les nourrices entendent le bruit.
f. La femme s'évanouit devant la porte.
g. L'homme quitte le château.
h. Le plancher est couvert de sang.

III. Composition

A. Racontez une situation dans laquelle vous faites la même sorte de faute que celle du chevalier.

*B. Préparez un exercice qui demande aux étudiants de refaire des phrases au pluriel.

IV. Projet de classe

Divisez la classe en petits groupes de trois ou quatre élèves. Chaque groupe doit dresser une liste de dix faits. Exemples: la capitale de la province de Normandie, le plus grand bâtiment de la France, la distance entre Paris et Bordeaux. Ensuite, les groupes doivent échanger leurs listes. Chaque groupe doit rechercher une réponse aux faits reçus et ensuite on doit afficher d'une façon imaginative les résultats de sa recherche.

V. Pour stimuler une discussion

Demandez à un(e) camarade

1. s'il (elle) aime cette histoire.
2. s'il y a un bébé chez lui.
3. le nom de sa ville.
4. s'il (elle) a une nourrice chez lui (elle).
5. s'il (elle) a un chien.
6. le nom de son chien.
7. si son chien dort à côté de son lit.
8. l'heure où il (elle) se couche le soir.
9. s'il (elle) aime chasser.
10. s'il (elle) joue avec des serpents.
11. s'il (elle) fait de grandes erreurs.
12. si son père est cavalier.
13. l'heure où il (elle) se rend à l'école le matin.
14. où cette conversation a lieu.
15. s'il (elle) demeure dans un château.

LA SCIENCE DE LA PARESSE

allonger	to stretch	**la figue**	fig
avaler	to swallow	**le figuier**	fig tree
bouger	to move, budge	**infliger**	to inflict
la chute	fall, drop	**une ombre**	shadow
se comporter	to conduct oneself	**la paresse**	laziness
		à portée de	within reach of
le coussin	cushion	**ramasser**	to gather
davantage	any longer, any further	**saluer**	to greet
		tellement	so
étendre	to stretch out	**se tenir**	to hold oneself

Il y a un vieux Turc qui n'a qu'un fils. Il aime ce fils plus
que la lumière de ses yeux. Chacun sait que pour les Turcs,
le travail est la punition la plus grande que Dieu inflige* aux
hommes. Lorsque son fils a quartorze ans, il a l'idée de l'envoyer à l'école pour apprendre la plus belle des sciences, la   5
paresse.*

Or donc, dans la rue où le Turc a sa demeure, il y a aussi un
professeur connu de tous et respecté de tout le monde parce
qu'il fait seulement ce qui est absolument nécessaire. Le vieux
Turc décide de rendre visite au professeur.   10

Il trouve le professeur dans son jardin, étendu* à l'ombre*
d'un figuier,* un coussin* sous la tête, un autre sous les épaules
et encore un troisième sous son postérieur.

— Avant de parler au professeur, se dit le vieux Turc, je veux
un peu voir comment il se comporte.* Il se cache derrière un   15
mur et regarde le professeur.

Le professeur se tient* immobile comme un mort, les yeux
fermés. De temps en temps, lorsqu'il entend le "plouf" d'une
figue* mûre tombant à portée de* sa main, il allonge* le bras
tout doucement, la porte à sa bouche et l'avale.*   20

QUESTIONNAIRE

1. Comment le Turc aime-t-il son fils?
2. Quelle est la plus grande punition que Dieu inflige aux hommes?
3. Quelle idée a le Turc?
4. Où va-t-il?
5. Où trouve-t-il le professeur?
6. Pourquoi se cache-t-il derrière un mur?
7. Qu'est-ce que le professeur fait?

Puis, immobile à nouveau, comme une pierre, il attend la chute* d'une autre figue.

—Voilà bien le maître qu'il faut à mon fils! se dit le Turc. Il sort de sa cachette et salue le professeur. Puis il demande s'il est disposé à enseigner à son fils la science de la paresse. 5

— Homme, répond le maître, tu parles trop. T'écouter me fatigue. Si tu veux instruire ton fils et faire de lui un véritable Turc, tu n'as pas autre chose à faire. Envoie ton fils ici.

Le vieux Turc rentre chez lui, prend son fils par la main, place un coussin de plume sous son bras et le conduit au jar- 10
din qu'il connaît.

— Je te recommande, dit le père, d'imiter toutes les actions du meilleur maître de la paresse qui se trouve au monde.

Le garçon qui a déjà pour cette science un penchant très sérieux, s'allonge sous le figuier comme son maître, mais il re- 15
marque que le professeur, chaque fois qu'une figue tombe, allonge le bras pour la ramasser.*

« Pourquoi cela, se dit-il, pourquoi allonger le bras et s'imposer une semblable fatigue? » Il imagine autre chose et toujours allongé, ouvre la bouche et ne bouge* plus. « Plouf. » Une figue 20
tombe, juste entre ses lèvres. Il l'avale lentement puis reprend bien vite sa position. « Plouf. » Une autre figue. Elle tombe plus loin. Il ne bouge pas davantage,* mais murmure très doucement:

— Figue, pourquoi si loin de moi? Pourquoi ne pas te laisser 25
tomber dans ma bouche?

— Rentre chez toi, dit alors le professeur. Tu n'as rien à apprendre ici, et c'est toi qui peut m'enseigner.

Le garçon retourne chez son père, et le vieux Turc remercie le ciel d'avoir un fils tellement* intelligent. 30

---

8. Quelle est la réaction du vieux Turc?
9. Qu'est-ce que le Turc recommande à son fils?
10. Qu'est-ce que le fils fait dans le jardin du professeur?
11. Qu'est-ce qu'il remarque?
12. Quelle question se pose-t-il?
13. Que fait-il à la chute d'une figue?
14. Pourquoi le professeur lui dit-il de rentrer chez lui?
15. Pourquoi le vieux Turc remercie-t-il le ciel?

EXERCICES

I. Vocabulaire

A.   Partie orale:

1. Répondez aux questions en employant l'exemple.

Quelle idée avez-vous?   *de parler français*
Réponse: *J'ai l'idée de parler français*

Quelle idée avez-vous?
a. de rendre visite au Turc
b. de regarder les figues
c. de saluer le maître
d. d'envoyer mon fils à l'école
e. d'infliger une punition au garçon
f. d'imiter les actions du professeur

2. Refaites l'exercice A 1, en employant l'exemple suivant.

De quoi décidez-vous?   *de parler français*
Réponse: *Je décide de parler français.*

De quoi décidez-vous?

3. Reprise: Refaites l'exercice A 1, en employant l'exemple suivant.

Que venez-vous de faire?   *de parler français*
Réponse: *Je viens de parler français.*

Que venez-vous de faire?

B.   Partie écrite: Ajoutez quelques mots pour faire des phrases originales.
a. De temps en temps, le Turc . . . .
b. Tout le monde sait que les professeurs . . . .
c. Dans ma chambre il y a . . . .
d. Avant d'avaler la figue, il . . . .
e. J'ai un penchant sérieux pour . . . .

f. Je veux m'allonger . . . .

g. Je me dispose à . . . .

h. Le professeur tombe, juste . . . .

II. Grammaire

A. Partie orale:

1. Posez des questions en employant *Qui, Qu'est-ce qui* ou *Que* selon les exemples.

	Le père regarde le figuier.
Réponse:	*Que le père regarde-t-il?*
	Le père regarde le figuier.
Réponse:	*Qui regard le figuier?*
	Le figuier tombe.
Réponse:	*Qu'est-ce qui tombe?*

a. Le Turc regarde sa main.

b. Le maître se tient immobile.

c. La figue tombe du figuier.

d. Le garçon avale la figue.

e. Son fils ouvre la bouche.

f. Le professeur reprend sa position.

g. Le coussin ne bouge pas.

h. L'homme instruit son fils.

2. Répondez aux questions suivantes en employant l'exemple.

Où vous trouvez-vous? dans la chambre

Réponse: *Je me trouve dans la chambre.*

a. Comment vous comportez-vous? bien

b. Où vous cachez-vous? derrière le mur

c. Où vous allongez-vous? sous l'arbre

d. Que vous dites-vous? ne . . . rien

e. Que vous imposez-vous? du travail

f. Comment vous tenez-vous? immobile

g. À quoi vous disposez-vous? à préparer ma leçon

h. Où vous couchez-vous? à l'ombre de la maison

B. Partie écrite: Combinez ces deux phrases en employant
    l'exemple.

         Je mange mon petit déjeuner. Je vais à l'école.
    Réponse: *Je mange mon petit déjeuner avant d'aller à
               l'école.*

    a. Je me cache. Je regarde le professeur.
    b. Je ferme la porte. Je cherche la pierre.
    c. J'ouvre la bouche. J'avale la figue.
    d. Je sors de ma cachette. Je salue le Turc.
    e. Je rentre chez moi. Je téléphone à mon ami.
    f. Je m'allonge à l'ombre. Je dors.

                    III. Composition

*A. Préparez un exercice qui demande aux étudiants de faire
     la relation possessive entre les noms. (Voyez l'exercice
     A 1, à la page 50.)

*B. Créez une autre situation pareille à l'épisode de la figue qui
     donne un exemple extrême de la paresse.

                 IV. Projet de classe

    Préparez des annonces ou des affiches qui font la publicité
pour "ce professeur de la paresse."

                 V. Pour le caricaturiste

    Dessinez un ange assis sur un petit nuage et qui porte un
grand halo au-dessus de sa tête. En face de lui se trouve sa
femme (aussi un ange) assise sur un petit nuage et qui porte
un petit halo. Elle tricote en employant un fil qui sort du
halo de l'homme.

VI. Pour stimuler une discussion

Demandez à un camarade

1. s'il (elle) est paresseux(se).
2. s'il (elle) aime travailler.
3. son âge.
4. où se trouve sa maison.
5. le sujet qu'il (elle) aime (1) le mieux à l'école, (2) le moins à l'école.
6. quand il (elle) aime s'étendre à l'ombre d'un arbre.
7. à quoi il (elle) a un penchant.
8. s'il (elle) aime les figues.
9. dans quelle partie du monde se trouvent des figuiers.
10. où se trouve la Turquie.
11. quelle est la capitale de ce pays.
12. ce qu'il (elle) fait avant d'aller à l'école.
13. ce qui entoure sa maison.
14. ce qui est à portée de sa main maintenant.
15. s'il (elle) peut rester immobile pour longtemps.

LE JONGLEUR DE NOTRE DAME

d'après Anatole France

s'agenouiller	to kneel	le métier	profession
s'apprêter	to get ready	le moine	monk
attirer	to attract	la nuque	nape of the neck
un autel	altar	le prieur	prior
le couvent	monastery	la prière	prayer
craindre	to fear	le propos	talk, words
essuyer	to wipe	la roue	wheel
la foire	fair	la sueur	sweat
le front	forehead	le talon	heel
jurer	to swear	le tour de	
la louange	praise	force	feat of strength
mépriser	to scorn	la volonté	will

Un pauvre jongleur, nommé Barnabé, va de ville en ville. Il
fait des tours de force* vraiment merveilleux sur les places pub-
liques. Les jours de foire,* il étend sur la place publique un
vieux tapis tout usé et il attire* les passants par ses propos
amusants. Ensuite il prend des attitudes qui ne sont pas natur-   5
elles: il met une assiette en équilibre sur son nez. D'abord la
foule le regard avec indifférence. Mais quand il donne à son
corps la forme d'une roue* parfaite, touche ses talons* à sa
nuque,* puis jongle, dans cette position, avec douze couteaux,
les gens sont pleins d'admiration et lui jettent des sous.   10
    Mais comme la plupart des gens qui vivent de leurs talents,
Barnabé a beaucoup de peine à vivre. Son métier* est dur et il
ne peut pas travailler en hiver parce qu'il fait très froid en plein

---

QUESTIONNAIRE

1. Où Barnabé fait-il des tours de force?
2. Qu'est-ce qu'il étend sur la place publique?
3. Ensuite qu'est-ce qu'il fait?
4. Où met-il une assiette?
5. Comment la foule regarde-t-elle Barnabé?
6. Qu'est-ce qu'il fait pour attirer l'admiration des gens?
7. Comment est son métier?
8. Pourquoi ne peut-il pas travailler en hiver?

air. Il souffre du froid et de la faim pendant cette saison mais
il supporte ses souffrances avec patience. Car notre Barnabé est
un homme vertueux. Il ne jure* pas, il est honnête. Il a un
seul défaut: il aime à boire quand il fait chaud. En somme,
ce Barnabé est un homme de bien qui craint* Dieu et qui est 5
très dévoué à la Sainte Vierge Marie. Chaque fois qu'il entre
dans une église, il s'agenouille* toujours devant l'image de la
Mère de Dieu et lui adresse cette prière.*

«Madame, prenez soin de ma vie jusqu'au moment de ma
mort et puis faites-moi avoir des joies du paradis promises par 10
votre Fils.»

9. De quoi souffre-t-il?
10. Comment supporte-t-il ses souffrances?
11. Quel est son seul défaut?
12. Que fait-il chaque fois qu'il entre dans une église?

Un certain jour, en voyageant triste et fatigué, il rencontre
un moine* qui traverse la même route et le salue poliment.
Comme ils vont dans le même sens ils échangent des propos.*
Le moine lui demande quelle est sa profession et Barnabé répond qu'il est jongleur et que c'est la plus belle profession du   5
monde, si on mange.

Le moine, un peu vexé, répond que le plus bel état du monde
c'est être moine parce que les moines célèbrent les louanges* de
Dieu, de la Vierge, et des saints. Barnabé dit au moine que lui
aussi veut vivre dans un monastère. Touché par la simplicité   10
du jongleur, l'autre reconnaît en Barnabé un de ces hommes de
bonne volonté,* aimé du Seigneur. Alors il lui dit, — Viens
avec moi et entre dans ce monastère où je suis prieur.*

Barnabé accepte avec joie. Dans le couvent* où il demeure,
les autres moines sont très dévoués aussi à la Sainte Vierge. Les   15
uns lui composent des livres, d'autres lui font des poèmes,
d'autres font des peintures de la Sainte Mère de Dieu. Le
pauvre Barnabé est bien triste; il est très ignorant et il ne sait
que jongler.

Un jour il entend conter l'histoire d'un moine simple qui ne   20
sait réciter que des Ave Maria. Tout le monde méprise* ce religieux pour son ignorance; mais quand il meurt, cinq roses
sortent de sa bouche, en l'honneur de cinq lettres du nom
Maria. Alors le couvent de ce pauvre moine est maintenant
très célèbre.   25

Tous les jours, Barnabé va dans la chapelle et il y reste une
heure le matin quand les autres moines sont occupés à leurs
travaux. Le prieur et deux vieux moines sont curieux et ils
veulent savoir ce qu'il fait là. Un jour ils y viennent et ob-

---

13. Qui rencontre-t-il un certain jour?
14. Que Barnabé dit-il de sa profession?
15. Quelle est la réaction du moine?
16. Qu'est-ce que le moine reconnaît en Barnabé?
17. Qu'est-ce que le moine propose à Barnabé?
18. Que font les moines au monastère?
19. Pourquoi Barnabé est-il bien triste?
20. Quelle histoire entend-il conter un jour?
21. Que fait Barnabé tous les matins?
22. Que font les moines un jour pour satisfaire leur curiosité?

servent ce qui se passe par un trou dans la porte. Ils voient Barnabé qui jongle avec ses boules et fait ses meilleurs tours avec ses boules et ses couteaux devant la statue de la Vierge.

Les moines sont très fâchés, indignés. Ils croient que Barnabé est fou et ils s'apprêtent* à faire sortir rapidement le jongleur de la chapelle. Mais tout à coup la Vierge descend de l'autel.* Elle s'approche de Barnabé et avec un coin de sa robe elle essuie* la sueur* qui tombe du front* de son jongleur. Ensuite elle retourne à sa place. 5

Alors le prieur se met à genoux et récite ces paroles: «Heureux les simples car ils verront le Ciel.» Et les deux autres répondent. «Amen.» Et ils baisent la terre. 10

---

23. Qu'est-ce qu'ils voient?
24. Quelle est leur réaction aux tours de Barnabé?
25. Qu'est-ce qu'ils croient?
26. Qu'est-ce qu'ils s'apprêtent à faire?
27. Que fait la Sainte Vierge?
28. Comment se termine cette histoire?

EXERCICES

I. Vocabulaire

A. Partie orale:

1. Lisez les phrases suivantes en employant la forme convenable de l'adjectif.

C'est une femme. (heureux)
Réponse: *C'est une femme heureuse.*

a. C'est un moine. (vexé)
b. C'est une robe. (curieux)
c. C'est une faute. (naturel)
d. C'est une jeune fille. (réligieux)
e. C'est une femme. (vertueux)
f. C'est un jongleur. (célèbre)

2. Répondez à la question en employant l'exemple.

Un nom?   Est-ce une partie du corps, du
discours ou d'un monastère?
Réponse: *C'est une partie du discours.*

Est-ce une partie du corps, du discours, ou d'un monastère?
a. une nuque?
b. un autel?
c. un adjectif?
d. un talon?
e. un nez?
f. un front?
g. un verbe?
h. une chapelle?
i. une interjection?

B. Partie écrite:

1. Trouvez dans le texte les verbes de la même famille que les noms suivants.

a. l'entrée
b. le récit
c. le support
d. le travail
e. la souffrance
f. l'observation

2. Trouvez dans le texte des adjectifs de la même famille que les noms suivants.

a. la vertu   d. la tristesse   g. la merveille
b. la fatigue   e. l'ignorance   h. l'indifférence
c. la religion   f. la curiosité   i. la nature

3. Complétez les expressions suivantes pour faire des phrases originales.

   a. Je vais de ville en ville pour . . . .
   b. Il donne à son corps la forme de . . . .
   c. J'ai beaucoup de peine à . . . .
   d. Le plus bel état du monde, c'est . . . .
   e. Je reconnais en Barnabé . . . .
   f. Je veux devenir . . . .
   g. J'ai un seul défaut . . . .
   h. Chaque fois que j'entre dans la salle de classe . . . .

II. Grammaire

A. Partie orale:

1. Répondez aux questions suivantes en employant l'exemple.

   Trouvez-vous des couteaux?
   Réponse: *Non, je ne trouve pas de couteaux.*

   a. Avez-vous des talents?   d. Écrivez-vous des livres?
   b. Échangez-vous des propos?   e. Récitez-vous des prières?
   c. Savez-vous dés prières?   f. Faites-vous des peintures?

2. Posez la question à laquelle correspondent les phrases suivantes.

   Non, je ne fais pas de poèmes.
   Réponse: *Faites-vous des poèmes?*

   a. Non, je ne fais pas de tours.
   b. Non, je n'attire pas de passants.
   c. Non, je n'ai pas de défauts.

d. Non, je n'accepte pas d'invitations.

e. Non, je ne prends pas d'attitudes naturelles.

f. Non, je ne connais pas de jongleurs.

B. Partie écrite: Combinez les phrases suivantes en une phrase en employant l'exemple.

> *Je voyage à la campagne. Je ne trouve pas une grange.*
>
> Réponse: *Je voyage à la campagne sans trouver une grange.*

a. J'entre dans l'église. Je ne vois pas l'autel.

b. J'étends un tapis. Je n'attire pas les passants.

c. Je touche mes talons. Je ne regarde pas la boule.

d. Je travaille en hiver. Je ne souffre pas du froid.

e. Je retourne à ma place. Je ne tombe pas dans les puits.

f. J'accepte des propos. Je ne sais pas pourquoi.

III. Composition

*A. Écrivez des propositions basées sur cette histoire et demandez aux autres étudiants si elles sont vraies ou fausses.

B. Écrivez le monologue intérieur de Barnabé devant la Vierge.

IV. Projet de classe

Préparez et jouez un mime basé sur cette histoire.

V. Pour stimuler une discussion

Répondez aux questions suivantes:

1. Savez-vous jongler?
2. Pouvez-vous mettre une assiette en equilibre sur votre nez?
3. Pendant quelle saison souffre-t-on du froid? de la chaleur?
4. Etes-vous un homme (une femme) vertueux(euse)? honnête?
5. Nommez un de vos défauts.

6. Vous agenouillez-vous chaque fois que vous entrez dans une église?

7. Quelle est la profession de votre père?

8. Savez-vous faire des poèmes?   faire des tours?

9. Essuyez-vous la sueur de votre front avec un coin de votre chemise ou de votre robe?

10. Nommez une statue célèbre en France, aux Etats-Unis, en Angleterre.

11. À votre opinion, quel est le plus bel état du monde?

12. Espérez-vous entrer dans le paradis?

QUEL EST LE MÉCANICIEN?

Dans un avion, Jacques, Jean et Jérôme sont employés comme pilote, chauffeur, et mécanicien, mais pas nécessairement dans cet ordre.

D'autre part, parmi les passagers, trois hommes d'affaires s'appellent de même aussi: Jacques, Jean et Jérôme.

Chaque fait ci-dessous est important pour résoudre le problème: lequel des trois est le mécanicien?

1. Jean habite Paris.
2. Le pilote habite entre Paris et Nice, à distance égale entre les deux villes.
3. Jérôme gagne exactement 50,000 francs par an.
4. Le voisin le plus proche du pilote, qui est un des passagers, gagne exactement trois fois plus par an que le pilote.
5. Jacques bat le chauffeur au tennis.
6. Le passager qui a le même nom que le pilote habite Nice.

Vous pouvez résoudre ce problème en répondant aux questions suivantes:

1. Où habite le pilote?
2. Quel est le voisin du pilote?
3. Pourquoi ce "J" ne peut-il pas être Jean?
4. Pourquoi ce "J" ne peut-il pas être Jérôme?
5. Donc, comment s'appelle le voisin du pilote?
6. Qui habite Nice?
7. Pourquoi n'est-il pas Jean?
8. Pourquoi n'est-il pas Jacques?
9. Donc, comment s'appelle l'homme qui habite Nice?
10. Donc, comment s'appelle le pilote?
11. Qui a été battu par Jacques au tennis?
12. Pourquoi l'homme ne peut-il pas être Jérôme?
13. Donc, comment s'appelle-t-il?
14. En conséquence, lequel est le mécanicien?

EXERCICE

Refaites ce problème en employant d'autres noms, d'autres professions, d'autres localités et d'autres détails.

QUATRE POÈMES DE JACQUES PRÈVERT

la cendre	ash	faire le pitre	to play the clown
le cendrier	ashtray	la falaise	cliff
de toute façon	at any rate	ficher le camp	to get out
s'écrouler	to fall in	mordre	to bite
également	equally	pleuvait	was raining
faire des ronds	to blow smoke rings	la vitre	pane of glass

❧ ❧ ❧

LE MESSAGE

La porte que quelqu'un a ouverte
La porte que quelqu'un a refermée
La chaise où quelqu'un s'est assis
Le chat que quelqu'un a caressé
Le fruit que quelqu'un a mordu*
La lettre que quelqu'un a lue
La chaise que quelqu'un a renversée
La porte que quelqu'un a ouverte
La route où quelqu'un court encore
Le bois que quelqu'un traverse
La rivière où quelqu'un se jette
L'hôpital où quelqu'un est mort.

CHANSON

Quel jour sommes-nous
Nous sommes tous les jours
Mon amie
Nous sommes toute la vie
Mon amour
Nous nous aimons et nous vivons
Nous vivons et nous nous aimons
Et nous ne savons pas ce que c'est que la vie
Et nous ne savons pas ce que c'est que le jour
Et nous ne savons pas ce que c'est que l'amour.

DÉJEUNER DU MATIN

Il a mis le café
Dans la tasse
Il a mis le lait
Dans la tasse de café
Il a mis le sucre
Dans le café au lait
Avec la petite cuiller
Il a tourné
Il a bu le café au lait
Et il a reposé la tasse
Sans me parler
Il a allumé
une cigarette
Il a fait des ronds*
Avec la fumée
Il a mis les cendres*
Dans le cendrier*
Sans me parler
Sans me regarder
Il s'est levé
Il a mis
Son chapeau sur sa tête
Il a mis
Son manteau de pluie
Parce qu'il pleuvait*
Et il est parti
Sous la pluie
Sans une parole
Sans me regarder
Et moi j'ai pris
Ma tête dans ma main
Et j'ai pleuré

PAGE D'ECRITURE

Deux et deux quatre
quatre et quatre huit
huit et huit font seize...
Répétez! dit le maître
Deux et deux quatre
quatre et quatre huit
huit et huit font seize.
Mais voilà l'oiseau-lyre*
qui passe dans le ciel
l'enfant le voit
l'enfant l'entend
l'enfant l'appelle:
Sauve-moi
joue avec moi
oiseau!
Alors l'oiseau descend
et joue avec l'enfant
Deux et deux quatre...
Répétez! dit le maître
et l'enfant joue
l'oiseau joue avec lui...
Quatre et quatre huit
huit et huit font seize
et seize et seize qu'est-ce qu'ils font?
Ils ne font rien seize et seize
et surtout pas trente-deux
de toute façon*
et ils s'en vont.
Et l'enfant a caché l'oiseau
dans son pupitre
et tous les enfants
entendent sa chanson
et tous les enfants
entendent la musique
et huit et huit à leur tour s'en vont
et quatre et quatre et deux et deux
à leur tour fichent le camp*
et un et un ne font ni une ni deux
un à un s'en vont également.*

Et l'oiseau-lyre joue
et l'enfant chante
et le professeur crie:
Quand vous aurez fini de faire le pitre! *
Mais tous les autres enfants
écoutent la musique
et les murs de la classe
s'écroulent* tranquillement.
Et les vitres* redeviennent sable
l'encre redevient eau
les pupitres redeviennent arbres
la craie redevient falaise*
le porte-plume redevient oiseau.

UN PEU DE LA MÈRE L'OIE

aveugle	blind	**ensevelir**	to bury
le couperet	carving knife	**pire**	worse

SALOMON GRUNDI

Salomon Grundi,
Né le Lundi,
Baptisé le Mardi,
Marié le Mercredi
Souffrant le Jeudi,
Pire* le Vendredi,
Mort le Samedi,
Le Dimanche enseveli:*
Telle est l'histoire
De Salomon Grundi.

CE PETIT PORC

Ce petit porc est allé au marché,
Ce petit porc n'a pas bougé.
Ce petit porc a mangé du rosbif,
Ce petit porc n'a eu rien de rien.
Ce petit porc a crié Ki! Ki! Ki! Ki!
Tout le long du chemin.

TROIS SOURIS AVEUGLES

Trois souris aveugles,* vois comme elles courent!
Elles ont couru après la femme du fermier,
Qui a coupé leurs queues brandissant un couperet;*
As-tu jamais vu une telle mêlée
Que trois souris aveugles?

LA MAISON QUE JACQUES A BÂTIE

une aube	dawn	**la loque**	tattered piece of
cassé(e)	broken		clothing
coiffé	with a hair cut	**rasé**	shaven
la corne	horn	**semer**	to sow
un haillon	rag	**traire**	to milk

Voici la Maison que Jacques a bâtie.
Voici le Malt, qui s'est caché dans la Maison que Jacques a bâtie.
Voici le Rat, qui a dévoré le Malt
  Qui s'est caché dans la Maison que Jacques a bâtie.
Voici le Chat, qui a tué le Rat,
  Qui a dévoré le Malt,
  Qui s'est caché dans la Maison que Jacques a bâtie.
Voici le Chien, qui a tourmenté le Chat,
  Qui a tué le Rat,
  Qui a devoré le Malt,
  Qui s'est caché dans la Maison que Jacques a bâtie.
Voici la Vache à la corne* cassée,* qui a lancé en l'air le Chien,
  Qui a tourmenté le Chat,
  Qui a tué le Rat,
  Qui a dévoré le Malt,
  Qui s'est caché dans la Maison que Jacques a bâtie
Voici la Fille désespérée, qui a trait* la Vache à la corne cassée,
  Qui a lancé en l'air le Chien,
  Qui a tourmenté le Chat,
  Qui a tué le Rat,
  Qui a mangé le Malt,
  Qui s'est caché dans la Maison que Jacques a bâtie.

Voici le Bonhomme en loques* et haillons,*
  Qui a embrassé la Fille désespérée,
  Qui a trait la Vache à la corne cassée,
  Qui a lancé en l'air le Chien,
  Qui a tourmenté le Chat,
  Qui a tué le Rat,
  Qui a dévoré le Malt,
  Qui s'est caché dans la Maison que Jacques a bâtie.
Voici le Curé coiffé et rasé,*
  Qui a marié le Bonhomme en loques et haillons,
  Qui a embrassé la Fille désespérée,
  Qui a trait la Vache à la corne cachée,
  Qui a lancé en l'air le Chien,
  Qui a tourmenté le Chat,
  Qui a tué le Rat,
  Qui a dévoré le Malt,
  Qui s'est caché dans la Maison que Jacques a bâtie.
Voici le Coq qui a chanté à l'aube,*
  Qui a réveillé le Curé coiffé et rasé,
  Qui a marié le Bonhomme en loques et haillons,
  Qui a embrassé la Fille désespérée,
  Qui a trait la Vache à la corne cachée,
  Qui a lancé en l'air le Chien,
  Qui a tourmenté le Chat,
  Qui a tué le Rat,
  Qui a dévoré le Malt,
  Qui s'est caché dans la Maison que Jacques a bâtie.
Voici le Fermier qui a semé* le blé,
  Qui a nourri le Coq qui a chanté à l'aube,
  Qui a réveillé le Curé coiffé et rasé,
  Qui a marié le Bonhomme en loques et haillons,
  Qui a embrassé la Fille désespérée,
  Qui a trait la Vache à la corne cassée,
  Qui a lancé en l'air le Chien,
  Qui a tourmenté le Chat,
  Qui a tué le Rat,
  Qui a dévoré le Malt,
  Qui s'est caché dans la Maison que Jacques a bâtie.

EXERCICES

I. Vocabulaire

A. Partie orale:

1. Posez des questions en employant l'exemple.

   semer du blé
   Réponse: *Avez-vous jamais semé du blé?*

   a. tourmenter un chat   e. tuer un rat
   b. traire une vache   f. aller au marché
   c. réveiller un coq   g. manger du rosbif
   d. bâtir une maison   h. courir après une souris

2. Répondez aux questions en employant *tel* ou *telle* selon les exemples.

   Avez-vous jamais vu un fermier pareil?
   Réponse: *Non, je n'ai jamais vu un tel fermier.*
   Avez-vous jamais vue une melée pareille?
   Réponse: *Non, je n'ai jamais vu une telle melée.*

   Avez-vous jamais vu

   a. une vache pareille?   d. un curé pareil?
   b. une corne pareille?   e. une maison pareille?
   c. un porc pareil?   f. un couperet pareil?

B. Partie écrite: Récapitulation
   1. Voici une liste des animaux qu'on trouve dans les histoires jusqu'ici. Arrangez les animaux en quatre groupes: ceux qui n'ont pas de pattes, ceux qui n'ont que deux pattes, ceux qui ont quatre pattes et ceux qui ont plus de quatres pattes.

le coq	le chat	le cheval	le dindon	le serpent
l'âne	le loup	la vache	la fourmi	l'oiseau
le pou	le porc	le chien	la mouche	le caniche
le rat	la poule	le castor	la souris	le caméleon
l'ours	le mulet	le cochon	le canard	le mouton

2. Choisissez dix des animaux. Employez chacun d'eux dans une phrase qui montre que vous comprenez le mot.

> *le loup*
> Réponse: *Le loup est un gros chien qui habite dans la forêt et qui mange les moutons.*

II. Grammaire

A. Partie orale:

   1. Relisez *Voici la maison que Jacques a bâtie* en employant le temps présent.
   2. Faites des phrases en employant *qui* selon l'exemple.

   > *voir le chien — dévorer le rat*
   > Réponse: *Je vois le chien qui a dévoré le rat.*

   a. chercher le rat — manger le malt
   b. chasser le chat — tourmenter la souris
   c. parler au garçon — lancer la boule
   d. écrire au fermier — semer le blé
   e. nourrir le coq — crier cocorico
   f. attendre l'homme — bâtir cette maison

B. Partie écrite: Faites une parodie de *La Maison que Jacques a bâtie* en employant les noms et les verbes suivants. La première ligne de la parodie est

   > Voici l'astronaute que Jacques a bâti.

   a. la fusée — faire marcher
   b. la petite allumette de bois — allumer
   c. le bois — fournir
   d. la forêt — entourer
   e. le castor au poil luisant — demeurer dans
   f. le chien — chasser
   g. la laisse cassée — relâcher
   h. la femme — avoir en main
   i. l'astronaute tout effrayé — épouser

III. Composition

Faites une parodie originale de *La Maison que Jacques a bâtie*.

IV. Projet de classe

Préparez un mime basé sur *La Maison que Jacques a bâtie*.

V. Un Jeu — Le Monopole

Vous connaissez sans doute le jeu américain Monopoly — le Monopole. Récreez ce jeu en français en employant les rues françaises et l'argent français. Faites une planche et toutes les cartes nécessaires.

LA BOULE MAGIQUE

D'après Maurice Carême

un argent	silver	la moitié	half
arracher	to extract	le nain	dwarf
creux(se)	hollow	la noce	marriage
doué(e) de	endowed with	la pelouse	lawn
s'échapper	to escape	sauter	to jump
émerveiller	to bedazzle	tournoyer	to spin
les époux	married couple	trancher	to cut off
marier	to marry off		

Je ne sais pas qui a inventé cette histoire que je trouve si curieuse, mais je vais raconter les événements à ma façon.

Un jour l'empereur a appelé au palais un célèbre enchanteur.

— Trouvez-moi, a dit l'empereur, un tour de magie neuf et extraordinaire. Je veux émerveiller* la Cour avec un spectacle: je 5
marie* ma fille dans un mois.

L'enchanteur a construit une sphère en argent* et polie comme un miroir. La boule a été construite en deux moitiés* d'une symétrie parfaite. Dans cette sphère creuse* il a caché un nain* de ces amis. Après quelques essais heureux, l'enchanteur est venu 10
voir le roi et a dit: J'ai un spectacle extraordinaire. Je vais présenter à la cour une boule magique douée du* pouvoir de parler, de marcher, de sauter,* de danser, de calculer, de tournoyer* à mon seul commandement.

Hélas! Le nain est tombé gravement malade le matin même de la 15
fête. Ne désirant pas avoir la tête tranchée* à cause des colères terribles de l'empereur, l'enchanteur s'est rappelé un pauvre, petit garçon qu'il a rencontré dans un village non loin. Il a appelé le garçon, a placé une bourse d'or dans sa main et a fait promettre au garçon de garder le secret. Alors, il a montré au garçon la 20
façon de manoeuvrer la boule. Cet accord conclu, l'enchanteur

1. Qui a inventé l'histoire?
2. Qui l'empereur a-t-il appelé au palais?
3. Pourquoi a-t-il voulu un tour de magie neuf et extraordinaire?
4. Qu'est-ce que l'enchanteur a construit?
5. Comment est la sphère?
6. Qui a-t-il caché dans la sphère?
7. Qu'est-ce que l'enchanteur a voulu présenter à la cour?
8. Qu'est-ce-qui est arrivé au nain?
9. Qui l'enchanteur s'est-il rappelé?
10. Qu'est-ce qu'il a donné au garçon?
11. Qu'est-ce qu'il lui a montré?

a indiqué au garçon l'heure quand il a dû entrer dans la boule en secret. Puis, l'enchanteur est rentré au palais pour assister au repas de noces.*

Dans l'après-midi, toute la Cour s'est assemblée autour de la sphère située au milieu d'une pelouse.*   5

L'enchanteur, très pâle, a commandé solennellement à la boule de s'approcher de lui. La boule a obéi et l'enchanteur s'est calmé. Ensuite, il a commandé à la boule les mouvements les plus variés. La boule a exécuté des mouvements d'une grâce et d'une promptitude qui ont charmé les spectateurs. Elle a même salué les hauts dignitaires qu'on a nommés et a fini par faire aux jeunes époux*

12. Qu'est-ce qu'il lui a indiqué?
13. D'abord qu'est-ce que l'enchanteur a commandé à la boule?
14. Comment la boule a-t-elle exécuté les mouvements?
15. Comment a-t-elle fini le spectacle?

une révérence qui a arraché* des larmes à l'empereur. Tout le monde a donné des présents à l'extraordinaire enchanteur.

Après le départ des invités, l'enchanteur a voulu immédiatement délivrer et féliciter le petit garçon. Mais à sa profonde stupéfaction, il a remarqué le garçon venant d'une direction opposée à la boule. 5

—Pardon! Pardon! Monsieur, a-t-il gémi. Je n'ai pu arriver en temps pour me cacher dans la boule. J'ai essayé d'être là à l'heure mais un garde m'a surpris près des murs. Il m'a enfermé. Je viens seulement de m'échapper.*

Plus stupéfait encore, l'enchanteur s'est précipité vers la pelouse. 10 Il a ouvert la boule.

La boule était vide!

---

16. Quelle est la réaction du roi? de la Cour?
17. D'où le garçon est-il venu?
18. Pourquoi n'a-t-il pas pu arriver jusqu'à ce moment?
19. Comment était la boule?

EXERCICES

I. Vocabulaire

A. Partie orale: Reprises: Répondez en employant l'exemple.

1.   *J'invente une histoire.*
    Réponse: *Je vais inventer une histoire.*

a. Il construit une sphère   d. Elle ouvre la porte.
b. Je rentre au palais.   e. Je cache la boule.
c. Nous appelons le roi.   f. Il enferme le garçon.

2.   *Il tombe*
    Réponse: *Il vient de tomber.*

a. Il tournoie.   d. Il enferme le garçon.
b. Tu calcules.   e. J'obéis au roi.
c. Je saute.   f. Nous ouvrons la boule.

3.   *De qui vous êtes-vous approché? de la femme*
    Réponse: *Je me suis approché de la femme.*

De qui vous êtes-vous approché?
a. de l'empereur   c. du nain   e. de l'enchanteur
b. de la fille   d. du roi   f. du gardien

B. Partie écrite:

1.   Refaites les phrases suivantes en employant *finir par* selon l'exemple.

          tournoyer (je)
    Réponse: *J'ai fini par tournoyer.*

a. construire une boule (il)   d. calculer (nous)
b. assister aux noces (ils)   e. sauter (vous)
c. rentrer au palais (je)   f. danser (tu)

2. Récapitulation. Voici une liste des verbes de mouvement. Choisissez dix de ces verbes et employez chacun dans une phrase originale.

danser	s'allonger	s'approcher de	se pavaner
courir	s'étendre	se présenter à	s'asseoir
marcher	s'incliner	se rapprocher de	s'installer
se lancer	s'affaler	se diriger (vers)	s'avancer
se jeter	tournoyer	s'agenouiller	se promener
sauter	se mettre à genoux	se lever	s'appuyer

II. Grammaire

A. Partie orale:

1. Refaites les phrases au passé composé selon l'exemple.

> *J'émerveille la cour.*
> Réponse: *J'ai émerveillé la cour.*

a. Elle assiste au repas.
b. Je marche aux murs.
c. Il raconte l'histoire.
d. Ils félicitent le nain.
e. Je tournoie sur la pelouse.
f. Nous dansons pour le roi.

2. Répondez aux questions en employant *à cause de* selon l'exemple.

> *Pourquoi as-tu peur? des colères de l'empereur.*
> Réponse: *J'ai peur à cause des colères de l'empereur.*

a. Pourquoi calcules-tu? des ordres du professeur.
b. Pourquoi danses-tu? de ma joie.
c. Pourquoi pleures-tu? de ma tristesse.
d. Pourquoi te caches-tu? de l'enchanteur.
e. Pourquoi rentres-tu? de la pluie.

B. Partie écrite: Refaites les phrases à la forme interrogative selon l'exemple.

L'enchanteur a inventé l'histoire.
Réponse: *L'enchanteur a-t-il inventé l'histoire?*

a. Le nain a ouvert la boule.
b. Le garde a enfermé le garçon.
c. Les hommes ont manoeuvré la sphère.
d. Ma fille a épousé le roi.
e. Les garçons se sont précipités vers la pelouse.
f. La cour s'est approchée de l'empereur.

III. Composition

*A. Écrivez des propositions basées sur cette histoire et demandez aux autres étudiants si elles sont vraies ou fausses.

B. Préparez la scène dans laquelle l'enchanteur fait marcher la boule devant la Cour.

IV. Projet de classe

Préparez une série de dessins pour illustrer l'histoire. Donnez un titre à chaque dessin. Accrochez les dessins aux murs de votre salle de classe.

V. Un Jeu

Divisez la classe en deux groupes. En employant les verbes de l'exercice B 2 à la page 81 ou d'autres, quelqu'un du premier groupe doit ordonner à un élève de l'autre groupe de faire quelque chose. Cet élève doit faire l'action en expliquant ce qu'il fait. S'il ne peut pas expliquer ce qu'il fait, il est hors du jeu. Ensuite un membre du deuxième groupe doit ordonner à un élève du premier groupe de faire quelque chose. Quand tout le monde dans un groupe est éliminé, le jeu est fini. Vous pouvez faire beaucoup de variations sur ce jeu.

COLLABORONS!

Écrivons une historiette, vous et moi. Pourquoi pas? À présent vous comprenez assez bien le français pour écrire une historiette simple. Je vous donnerai l'idée centrale et vous poserai (entre parenthèses) quelques questions et détails. Vous déciderez des détails et écrirez quelques phrases de l'historiette. Enfin, écrivez toute l'historiette au temps présent et le dialogue dans la forme convenable à la situation. (Si vous voulez, vous pouvez écrire l'histoire à la forme d'une piécette.) Bon alors. En avant!

Ce sera l'histoire d'un paysan. (Comment s'appellera-t-il? Quel âge aura-t-il? Donnez sa description. Qu'est-ce qu'il portera? Est-ce qu'il sera accompagné par un animal?)

Le paysan sera en train de revenir de la ville. (De quelle ville? À quelle heure du jour? Pourquoi sera-t-il en ville?)

Soudain, un homme se dressera devant lui et lui demandera son argent. (Comment sera l'homme? Qu'est-ce qu'il aura à la main?)

Le paysan verra qu'il n'y a rien à faire. Il donnera au brigand son portefeuille. (D'où sortira-t-il son portefeuille? Quelle sera la réaction du voleur? Où le voleur mettra-t-il l'argent?)

Alors, le paysan dira que ce n'est pas son argent. (A qui sera-t-il?) Il dira que l'on ne le croira pas quand il racontera son aventure. Les gens diront que c'est lui le voleur. Il demandera au voleur un service. Il lui demandera de prendre son pardessus et de tirer dessus. Il proposera que les traces des balles servent comme preuve de son récit. Le voleur acceptera le propos. Il tirera une première fois: le paysan lui demandera de tirer une deuxième fois; le voleur le fera; le paysan lui demandera un troisième coup mais le voleur n'aura plus de balles. (Écrivez le dialogue entre l'homme et le voleur.)

Quand le paysan verra que le voleur n'a plus de balles, il lui donnera une formidable gifle au visage et exigera de lui le retour de l'argent. Le paysan continuera à donner des gifles. Ils se battront. Bientôt, le paysan reprendra son argent et laissera le voleur demi-mort sur la route. (Qu'est-ce que le paysan dira en partant?)

LE PETIT CHAPERON ROUGE

D'apres Charles Perrault
Contes de ma mère l'oie

Une fois il y avait une très jolie petite villageoise. Sa mère était
folle d'elle, et sa grand'mère plus folle encore. La petite fille
portait toujours un petit chaperon rouge, qui lui allait si bien, que
partout on l'appelait le petit Chaperon rouge.

Un jour sa mère a fait des galettes et a dit à la petite: « Va voir   5
comment ta grand'mère se porte, car on m'a dit qu'elle était malade.
Porte-lui une galette et ce petit pot de beurre.» Le petit Chaperon
rouge est parti aussitôt pour aller chez sa grand'mère, qui demeurait
dans un autre village.

En passant dans un bois, elle a rencontré le Loup, qui a voulu   10
bien la manger; mais il n'a pas osé à cause de quelques bûcherons
qui étaient dans la forêt. Il lui a demandé où elle allait. La pauvre
enfant, qui ne savait pas qu'il était dangereux de s'arrêter pour
écouter un loup, lui a dit: « Je vais voir ma grand'mère, et lui
porter une galette, avec un petit pot de beurre, que ma mère lui   15
envoie.

—Demeure-t-elle bien loin? lui a dit le Loup. – Oh! oui, a dit le
petit Chaperon rouge, c'est par delà le moulin que vous voyez là-bas
dans la première maison du village. –Eh bien! a dit le Loup, je
veux aller la voir aussi: j'irai par ce chemin-ci, et toi par ce chemin- 20
là; et nous verrons qui y arrivera le premier.

Le Loup a commencé à courir de toute ses forces par le chemin
qui était le plus court, et la petite fille est allée par le chemin le plus
long, s'amusant à courir après des papillons, et à faire des bouquets
avec les petites fleurs qu'elle trouvait.   25

Le Loup est arrivé très vite à la maison de la grand'mère. Il
frappe à la porte, toc, toc. –Qui est là? –C'est votre petite fille,
le petit Chaperon rouge, a dit le Loup en baissant sa voix, qui
vous apporte une galette et un petit pot de beurre, que ma mère
vous envoie. La bonne femme, qui était dans son lit parce qu'elle   30
avait un rhume, lui a dit d'entrer. Le Loup s'est jeté sur la bonne
femme et l'a dévorée en moins d'un instant, car il avait très faim.

Ensuite il a fermé la porte, et est allé se coucher dans le lit de
la grand'mère, en attendant le petit Chaperon rouge qui, quelque
temps après, a frappé à la porte: toc, toc. –Qui est là? Le petit   35
Chaperon rouge, qui a entendu la grosse voix du Loup, a eu peur

d'abord, mais croyant que sa grand'mère avait un rhume, a répondu:
«C'est votre fille, le petit Chaperon rouge, qui vous apporte une
galette et un petit pot de beurre, que ma mère vous envoie.» Le
Loup lui a dit d'entrer, en rendant plus douce sa voix.

Le Loup, la voyant entrer, lui a dit en se cachant sous la cou-   5
verture: «Mets la galette et le petit pot de beurre sur la table, et
viens près de moi.» Le petit Chaperon rouge s'est assis près de la
grand'mère et était très étonné de voir comment sa grand'mère
était faite en son déshabillé. Elle lui a dit: «Ma grand'mère, que
vous avez de grands bras! – C'est pour mieux t'embrasser, ma fille! 10
–Ma grand'mère, que vous avez de grandes jambes! – C'est pour
mieux courir, mon enfant. – Ma grand'mère, que vous avez de
grandes oreilles! – C'est pour mieux t'écouter, mon enfant! – Ma
grand'mère, que vous avez de grands yeux! – C'est pour mieux te
voir, mon enfant! – Ma grand'mère, que vous avez de grandes   15
dents! –C'est pour mieux te manger, mon enfant.»

Et, en disant ces mots, le méchant Loup s'est jeté sur la petite
fille, et l'a mangée.

QUESTIONNAIRE

1. Pourquoi est-ce qu'on appelait cette petite fille "petit Chaperon rouge"?
2. Qu'est-ce que sa mère a fait un jour?
3. Qu'est-ce que la mère a demandé à sa fille de porter?
4. Où sa grand'mère demeurait-elle?
5. Qui est-ce que le petit Chaperon rouge a rencontré?
6. Pourquoi le Loup n'a-t-il pas osé la manger?
7. Qu'est-ce que le petit Chaperon rouge ne savait pas?
8. Qu'est-ce que le Loup a proposé à faire?
9. Quel chemin le Loup a-t-il pris? et le petit Chaperon rouge?
10. Comment le petit Chaperon rouge s'est-elle amusée en route?
11. Qui est arrivé chez la grand'mère le premier?
12. Pourquoi la grand'mère ne s'est-elle pas levée?
13. Qu'est-ce que le Loup a fait à la grand'mère? Pourquoi?
14. Ensuite qu'est-ce qu'il a fait?
15. Pourquoi le petit Chaperon rouge a-t-elle eu peur d'abord?
16. Qu'est-ce que le Loup a fait quand elle est entrée?
17. De quoi le petit Chaperon rouge était-elle étonnée?
18. Pourquoi le Loup a-t-il de grands bras? de grandes jambes? de grandes oreilles? de grands yeux? de grandes dents?
19. Qu'est-ce que le Loup a fait au petit Chaperon rouge?

EXERCICES

I. Vocabulaire

A. Partie orale:

1. Lisez les phrases en employant la forme convenable de l'adjectif. (Faites attention à l'accord et à la position des adjectifs.)

> *Une fois il y avait un loup.* *(dangereux)*
> Réponse: *Une fois il y avait un loup dangereux.*

Une fois il y avait un(e)

a. fille (petit)   d. loup (méchant)   g. chemin (dangereux)
b. femme (fou)   e. papillon (beau)   h. couverture (doux)
c. mère (bon)   f. enfant (joli)   i. grand'mère (gros)

2. Reprise: *De quoi s'agit-il?* Répondez aux questions en employant l'exemple.

> *De quoi s'agit-il?* *d'une galette*
> Réponse: *Il s'agit d'une galette.*

De quoi s'agit-il?

a. d'un loup dangereux   d. des papillons
b. de quelques bûcherons   e. d'un bouquet des fleurs
c. d'un pot de beurre   f. d'un chaperon rouge

B. Partie écrite:

1. Récapitulation. Voici une liste des parties du corps employées dans notre texte. Dessinez un homme en indiquant toutes ces parties.

le nez	la jambe	les yeux	la langue	les cheveux
la dent	le coeur	les talons	le genou	les épaules
la main	l'ongle	le coude	le visage	l'oreille
le bras	le front	la nuque	la bouche	la taille
la joue	le pied	la tête	la poitrine	

86

2. Choisissez dix parties du corps. Ensuite employez chacune dans une phrase qui indique que vous avez compris le mot.

> *les yeux*

Réponse: *On voit avec ses yeux.*

II. Grammaire

A. Partie orale:

1. Refaites les phrases en employant le superlatif des adjectifs selon les exemples. (Faites attention à l'accord des adjectifs.)

> *C'est une maison. (petit)*
> Réponse: *C'est la plus petite maison.*
> *C'est une maison. (modeste)*
> Réponse: *C'est la maison la plus modeste.*

C'est:

a. un enfant (pauvre)	f. une dent (grand)
b. un loup (méchant)	g. un village (petit)
c. une fille (joli)	h. un chemin (court)
d. une voix (doux)	i. une forêt (dangereux)
e. un rhume (gros)	j. un papillon (beau)

2. Refaites les phrases en employant l'adverbe *mieux* selon l'exemple.

> *C'est pour t'embrasser.*
> Réponse: *C'est pour mieux t'embrasser.*

C'est pour

a. courir	d. t'amuser	g. vous entendre
b. vous voir	e. t'écouter	h. t'embrasser
c. te manger	f. vous cacher	i. te chasser

B.   Partie écrite:

1.   Récrivez les phrases au futur, puis à l'imparfait.

Il va à la maison.
Réponse: *Il ira à la maison. Il allait à la maison.*

a.   a. Vous êtes jolie.   f. Elle fait des galettes.
     b. Je sais m'amuser.   g. Ils portent les fleurs.
     c. Nous voyons le loup.   h. Tu as un rhume.
     d. Vous écoutez sa voix.   i. Elle se couche dans le lit.
     e. Il frappe à la porte.   j. Ils lui disent d'entrer.

2.   Refaites les phrases en substituant *lui* ou *leur* pour les
     mots soulignés selon le cas.

Il dira bonjour à Paul.
Réponse: *Il lui dira bonjours.*
Il dira bonjour à ces amis.
Réponse: *Il leur dira bonjours.*

a. Elle donnera une galette à sa fille.
b. Il apportera un pot à la grand'mère.
c. Je demanderai au loup de s'en aller.
d. Il enverra des fleurs à sa mère.
e. Elles répondront aux bûcherons.
f. Tu porteras un bouquet à ces jeune filles.

III. Composition

A.   Refaites la fin de cette histoire en employant la version
     américaine.
*B. Choisissez quelques mots du vocabulaire de ce texte et
     préparez un exercice comme celui à la page 64 qui demande
     aux étudiants d'ajouter quelque mots pour faire des phrases
     originales.

IV. Projet de classe

Préparez un mime basé sur cette histoire.

V. Un Jeu — La chaîne des mots

Le premier joueur nomme une partie du discours (noms, verbes,
adjectifs etc.). Puis il donne un mot convenable à cette catégorie
qui commence avec la seconde lettre du mot précédent. Celui qui
ne peut pas penser à un mot est hors du jeu. Quand tout le monde
excepté un joueur est éliminé le jeu est fini.

Exemple:	Premier joueur	Nom	chien
	Deuxième joueur		héros
	Troisième joueur		élève

VI. Recettes

une amande	almond	la plaque	pastry board, sheet
la cuisson	cooking	râpé	grated
dorer	to glaze	le rayure	groove
la farine	flour	le rouleau	rolling pin
le four	oven	le sel	salt
parfumer	flavor	le sucre	confectioner's sugar
la pâte	dough	semoule	resifted
piler	to crush	le tas	heap, pile
la planche	board	le zeste	peel

Galettes Nantaises

Préparation: 25 mn. Cuisson:* 25 mn.

125 g† de farine 60 g de beurre   60 g de sucre
   40 g d'amandes.* 2 jaunes d'oeufs.   Sel.

Travailler sur la planche* la farine,* le beurre, le sel,* le sucre avec les amandes en poudre et les jaunes d'oeufs. Étendre cette pâte au rouleau* et couper en galettes. Faire des rayures,* dorer à l'oeuf. Garnir avec une demi-amande. Faire cuire à four* chaud.

†grams

Gâteaux à la crème cuite

Préparation: 5 mn. Cuisson: 10 mn.

125 g crème de lait cuit.   125 g de sucre.
125 g de farine.   Vanille en poudre.

Mélanger le tout. Parfumer* à la vanille. Disposer de petits tas* espacés sur plaque* beurrée. Laisser dorer* à four chaud. Gâteaux économiques, se conservant très bien.

†grams

Massepains

Préparation: 20 mn. Cuisson: 30 mn.

200 g de sucre semoule.*   125 g d'amandes en poudre.
 2 blancs d'oeufs. 15 g de farine. 1 zeste* de citron.

Piler* la poudre d'amandes avec le sucre et les blancs d'oeufs pour former une pâte demi-liquide. Ajouter la farine, le zeste de citron râpé. Dresser de petits tas de cette préparation sur une plaque farinée. Faire cuire 30 minutes à four moyen.

LES PRUNES DE M. LE CURE

s'accouder	to lean on one's elbow	habile	clever
affolé	distracted	infliger	to inflict
ânonner	to blunder through lesson)	l'instituteur	teacher
		juteux(euse)	juicy
		le larcin	theft
astucieux(euse)	crafty	le méfait	misdeed
balancer	to swing	ostensible-ment	publicly, openly
la chaire	desk (of teacher)	parcourir	to run through
le collier	collar	le poids	weight
contracter une assurance	to take out insurance	le presbytère	rectory
à la dérobée	on the sly	le prunier	plum tree
se disposer à	to make ready	quotidien	daily
s'embusquer	to lie in wait	redouter	to dread
épouvantable	terrible	rôder	to prowl
exiger	to require	le seuil	threshhold
se féliciter de	to be pleased with	sitôt	as soon, so soon
la ficelle	string	sur-le-champ	on the spot
franc	honest	le ventre	stomach
		le volet	(window) shutter

∽∾∽∾

—Bonjour, monsieur l'instituteur.*

—Bonjour, monsieur le curé.

M. le curé reprend:

—Figurez-vous que je suis victime chaque jour d'un larcin,* dont un de vos élèves est coupable. Le mois dernier, le beau prunier,*   5
qui s'élève derrière le presbytère,* pliait sous le poids* des fruits. Chaque jour, à present, des prunes disparaissent. Hier, avant-hier, je me suis embusqué* derrière les volets* de ma chambre à coucher. J'ai remarqué plusieurs fois une ombre enfantine qui rôdait* autour de l'arbre.   10

—Et à qui était cette ombre, monsieur le curé?

—Hélas! monsieur l'instituteur, je l'ignore. Ma vue devient

QUESTIONNAIRE

1. De quoi Monsieur le curé est-il victime?
2. Selon lui qui est probablement le coupable?
3. Qu'est-ce que le curé a fait hier et avant-hier?
4. Qu'a-t-il remarqué plusieurs fois?

basse. Je suis incapable de distinguer les traits du maraudeur. Je
n'ose pas quitter mon observatoire pour le poursuivre. Je ne possède
plus mes jambes de vingt ans!

M. le curé ne désire point qu'on inflige* une punition exagérée
au coupable. Il souhaite qu'on l'aide à arrêter ces petits vols quoti- 5
diens.*

—Pensez donc, monsieur l'instituteur, mes prunes, mes prunes si
juteuses! * Moi qui les aime tant! . . . Le mois dernier j'en ai compté
peut-être cinq cents. Il n'en reste plus que cinquante-cinq, exactement.   10

II

Pendant toute la classe du matin, M. l'instituteur cherche un
moyen habile* de connaître l'identité du jeune malfaiteur. Il pense 15
à demander directement: Quel est celui d'entre vous qui vole,
chaque soir, des prunes dans le jardin du presbytère? Il redoute*
que la peur de la punition laisse sa question sans réponse.

Un élève vient, tour à tour, s'accouder* contre la chaire et
ânonner* une fable de La Fontaine. M. l'instituteur le fixe dans 20
les yeux, afin de lire, en ce miroir de l'âme, la preuve du méfait.*
Inutile! Pour obtenir une certitude il faut plonger son regard, non
dans les yeux, mais dans les ventres.*

Comme thème de dictée, au lieu d'improviser un morceau de
littérature sur le règne de Louis XIV, ou sur les victoires de Napo- 25
léon Ier, il épelle quelques lignes qui portent en titre: Le goût
des prunes de M. le curé.

« Il existe dans un joli petit village de France que vous connaissez tous (virgule), mes amis (virgule), un très vilain garçon
(point). Il se conduit comme un voleur (point d'exclamation)! 30
Il entre à la dérobée* dans le jardin de M. le curé (point). À pas
de loup (virgule), il s'approche d'un superbe prunier (point). Il
étend le bras (point). Il vole une (virgule), deux (virgule), dix

---

5. Pourquoi n'est-il pas capable d'identifier ce maraudeur?
6. Comment l'instituteur peut-il venir à l'aide du curé?
7. Combien de prunes y avait-il le mois dernier?
8. Combien en reste-t-il maintenant?
9. Pendant la classe du matin quelle question l'instituteur veut-il poser?
10. Par quel moyen l'instituteur essaie-t-il de savoir qui est le coupable?
11. Mais pourquoi n'obtient-il pas une certitude dans cette affaire?
12. Qu'est-ce qu'il choisit comme thème de la dictée?

prunes (point). Les prunes lui paraissent délicieuses (point). Mais demain il se sentira pris de coliques terribles . . . »

La conclusion affirme que si le petit malfaiteur avoue, sur-le-champ,* le vol à son instituteur, on pourra lui donner un médicament que les enfants ne connaissent jamais.   5

M. l'instituteur ménage un long silence. Aucun de ces cinquante-huit élèves ne se décide à contracter une assurance* contre les douleurs futures. Les uns utilisent ces minutes de repos à dessiner des bonshommes dans les marges des cahiers, les autres emprisonnent des mouches dans des boîtes d'allumettes hors d'usage. 10

La classe va finir. M. l'instituteur trouve un stratagème:

—Il y en a un parmi vous — je préfère ne point le nommer — qui a volé des prunes au presbytère. Je ne lui infligerai qu'une légère punition. J'exige* qu'il retourne sitôt* après la classe, au prunier de M. le curé. Pour être admis à l'école, cet après-midi, il devra   15
porter, ostensiblement,* une prune retenue au cou, au moyen d'un morceau de ficelle rouge. Il sera obligé de conserver ce collier d'infamie pendant huit jours.

III   20

De onze heures à deux heures moins le quart, M. l'instituteur se félicite de* son astucieuse* initiative. Il songe à la gratitude que M. le curé lui devra en savourant ses cinquante-quatre dernières prunes.   25

Installé derrière sa chaire,* à deux heures moins dix, en attendant le début de sa classe de l'après-midi, il parcourt* les pages de la grammaire, relatives au *pronom*. La porte s'ouvre. Le petit Pierre entre. Il semble bien à M. l'instituteur que le petit Pierre porte au cou un morceau de ficelle* rouge, terminé par quelque   30
chose de noir.

—Ah, ah! sourit-il, c'est donc le petit Pierre!

Il ramène rapidement les yeux sur sa grammaire. Il préfère

---

13.   Quelles actions l'instituteur décrit-il dans sa dictée?
14.   Selon l'instituteur qu'est-ce qui va arriver en toute probabilité au voleur?
15.   Mais comment cet élève coupable peut-il encore se sauver?
16.   Que font les élèves à la fin de la dictée?
17.   Enfin quelle punition l'instituteur propose-t-il de donner au petit voleur?
18.   Qu'est-ce que l'élève coupable doit porter? Pour combien de temps?
19.   A quoi l'instituteur songe-t-il avant le commencement de la classe de l'après-midi?

se réserver la joie de stigmatiser le vol du petit Pierre en présence de ses camarades.

M. l'instituteur commence le chapitre des *verbes auxiliaires* Un autre petit garçon pénètre en classe. M. l'instituteur croit discerner sur la poitrine du nouvel arrivant un grand cordon de 5 ficelle rouge.

—Mais non, réfléchit-il, puisque Pierre est le coupable, le coupable ne peut être Paul. Je suis la victime d'une illusion d'optique.

Tous les écoliers sont à présent à leurs pupitres. M. l'institu- 10 teur se dispose* à fermer d'abord sa grammaire, et ensuite la porte de la classe. M. le curé paraît sur le seuil,* affolé.*

—C'est épouvantable,* monsieur l'instituteur! Je viens de regarder mon prunier. Il ne porte plus un seul fruit!

Non sans une certaine fierté, pour indiquer à M. le curé son 15 voleur, M. l'instituteur cherche des yeux le petit Pierre. Il promène son regard le long de tous les bancs. Autour de tous les cous, sur toutes les poitrines, se balance* un bout de ficelle rouge, avec quelque chose de noir au bout.

Seuls, trois élèves n'exhibent point le collier* d'infamie. M. 20 l'instituteur se met à les féliciter. Ils éclatent en sanglots.

—Ne croyez pas que nous sommes moins francs* que nos camarades, monsieur l'instituteur. Nous courons moins vite. Nous sommes cinquante-huit élèves, pour cinquante-cinq prunes. Nous sommes arrivés les derniers à l'arbre. 25

----

20. Que pense-t-il discerner à la poitrine de Pierre? Et du nouvel arrivant?
21. Alors de quoi se croit-il victime?
22. Pourquoi Monsieur le curé arrive-t-il de nouveau?
23. Qu'est-ce qui est épouvantable?
24. Combien d'élèves portent au cou la ficelle rouge?
25. Combien d'entre eux ne la portent pas? Pourquoi?

EXERCICES

I. Vocabulaire

A. Partie orale:

1.   *Comment sont les jeunes filles? beau - laid*
Réponse: *Les unes sont belles, les autres sont laides.*
(Faites attention à l'accord des adjectifs.)

Comment sont
a. les écoliers?   actif - passif
b. les curés?   maigre - gros
c. les instituteurs?   sincère - insincère
d. les phrases?   négatif - affirmatif
e. les garçons?   sale - propre
f. les prunes?   délicieux - juteux

2. Répondez aux questions en employant la forme convenable
du verbe *devoir.*
            Qu'est-ce que vous devrez faire? (chercher les
            prunes)
Réponse: *Je devrai chercher les prunes.*

Qu'est-ce qu' (e)
a. il devra faire?   (attendre le curé)
b. elle doit faire?   (arriver tôt)
c. vous devez faire?   (trouver le maraudeur)
d. ils doivent faire?   (écrire une dictée)
e. il a dû faire?   (quitter son observatoire)
f. elle devra faire?   (arrêter les vols quotidiens)
g. tu dois faire?   (apprendre la grammaire)
h. vous avez dû faire?   (retourner après la classe)

B. Partie écrite: Ajoutez quelques mots pour faire des
phrases originales.
1.   Je suis victime chaque jour de . . . .
2.   Je suis incapable de . . . .
3.   Le professeur vient de . . . .

4. Non sans une certaine fierté, je . . . .
5. Autour de mon cou se balance . . . .
6. A pas de loup, j'ai . . . .
7. J'ai décidé de contracter une assurance contre . . . .
8. Pour être admis à l'école, cet après-midi, il devra . . . .
. . . .

II. Grammaire

A. Partie orale

1. Répondez en employant l'exemple.

Il a beaucoup de pruniers.
Réponse: *Il en a beaucoup.*

a. Il voit beaucoup de prunes.
b. Je vois beaucoup de garçons.
c. Je distingue beaucoup de différences.
d. Elle dessine beaucoup de bonshommes.
e. Il entend beaucoup d'enfants.
f. Vous employez beaucoup de points d'exclamation.

2. Répondez en employant l'exemple.

À qui est le cahier? (le garçon)
Réponse: *Il est au garçon.*

À qui est   À qui sont
a. le prunier? (le curé)   a. ces ficelles? (mon père)
b. la grammaire? (l'écolier)   b. ces arbres? (mon oncle)
c. cette ombre? (le voleur)   c. les fruits? (ma mère)

B. Partie écrite: Posez des questions en employant l'adjectif
interrogatif *quel (quelle, quels, quelles)* selon l'exemple.

J'ouvre la porte principale.
Réponse: *Quelle porte ouvrez-vous?*

a. Je sais les règles de la grammaire.

b. Je compte les prunes sur la table.

c. Je vois le prunier de l'instituteur.

d. Je regarde les écoliers de mon école.

e. Je raconte l'histoire de ma vie.

f. Je connais le curé du village.

g. Je lis la dictée à la page cinq.

h. Je cherche le maraudeur des prunes.

i. J'aime les fables de La Fontaine.

j. J'attends la classe de littérature.

III. Composition

En répondant aux questions suivantes préparez une petite anecdote personnelle. Ensuite donnez un titre convenable à cet incident.

Avez-vous jamais grimpé un arbre qui portait des fruits? Quels fruits portait-il? C'était dans quelle saison? À qui était cet arbre? Avez-vous mangé quelques fruits de cet arbre? Combien? Quel goût avaient-ils? De quelle couleur étaient-ils? Vous avez sans doute demandé la permission du propriétaire de ce jardin avant de monter dans l'arbre. Non? Quelle honte! Alors, de quoi étiez-vous coupable? Est-ce que le propriétaire vous regardait par ses fenêtres? Vous a-t-il adressé quelques mots? Lesquels? Est-ce qu'un chien méchant s'est approché de l'arbre? Comment vous êtes-vous sauvé de cette situation dangereuse? Quelle punition doit-on infliger aux garçons ou filles qui volent des fruits?

IV. Projet de classe

Quelques étudiants changeront les détails de la dictée de l'instituteur. Ensuite ils donneront la nouvelle version à la classe.

LA PIÈCE DE CINQUANTE CENTIMES

aboyer	to bark	hisser	to hoist, lift up
agaçant	irritating	marmotter	to mutter
à tâtons	gropingly	un os	bone
un ail	garlic	parvenir	to make one's way
la canne	cane	plier	to fold
la cheville	ankle	un porte-monnaie	change purse
à dessein	carefully	porter	
en chignon	in a bun	l'intérêt	to gain interest
faire la culbute	to turn somer-	la portière	door
	saults	Quelle bêtise	What an absurdity
faire la queue	to line up	Quelle sottise	What foolishness
faire le galant	to court, woo	la réclame	advertisement
se frayer	to clear a way	soupçonneux	suspicious
fouiller	to rummage	tâter	to test
fureter	to rummage	tâtonner	to feel one's way
glisser	to slip	la vague	wave
une halenée	breath	vieille fée	hag

❦❦❦❦

L'autobus Blois-Tours s'est arrêté devant la gare où une grande foule faisait la queue.* C'etait un des vieux autobus de province pour lequel on achète un billet en montant et dans lequel on met le bagage au-dessous des places. La portière* s'est ouverte pour Annette Picard, jolie adolescente blonde, qui a payé son ticket   5 au chauffeur et s'est installée dans une place libre près de la portière. Elle a été suivie par sa grande-mère, grosse vieille dame aux cheveux gris coiffés en chignon.* Comme toutes les vieilles dames de province elle portait un chapeau noir de Dieu sait quelle époque passée et un manteau noir qui tombait jusqu'aux   10 cheville.*

Une canne* à la main, Mme Picard est montée avec difficulté. Ensuite, elle a ouvert son sac-à-main et a sorti un petit porte-

---

QUESTIONNAIRE

1. Qu'est-ce qui s'est arrêté devant la gare?
2. Pour qui la portière s'est-elle ouverte?
3. A qui Annette a-t-elle payé son billet?
4. Où s'est-elle installée?
5. Qui l'a suivie?
6. Qu'est-ce que la vieille dame portait?
7. Comment s'appelait-elle?

monnaie.* En ouvrant le porte-monnaie sa main a glissé* et elle
l'a laissé tomber. Toutes les pièces sont tombées sur le plancher
et se sont dispersées le long de l'autobus.

Assis directement derrière le chauffeur il y avait un jeune
homme manifestement américain par son visage ouvert, sa coiffure 5
et ses vêtements. Il avait remarqué l'entrée d'Annette avec plaisir et commençait à lui sourire quand l'accident de Mme Picard
l'avait interrompu. En voyant les pièces de monnaie sur le plancher, il s'est levé et a dit avec un accent très américain:

« S'il vous plaît, Madame. Moi aiderai vous. » Puis s'inclinant 10
aux pieds de la vieille dame, il a ramassé les pièces de monnaie:

—Merci, monsieur, a marmotté* la vieille en lui jetant un coup
d'oeil froid. Elle a commencé immédiatement à compter la monnaie pièce à pièce. Le compte fini, elle a regardé les pièces, puis
le chauffeur, puis tous les passagers de l'autobus. 15

—Il me manque une pièce de cinquante centimes, leur a-t-elle
dit. Une pièce de cinquante centimes me manque. Aidez-moi,
s'il vous plaît.

Tout le monde a cherché la pièce de cinquante centimes en
examinant le plancher, mais sans rien trouver. Personne ne l'a 20
trouvée.

—S'il vous plaît, messieurs-dames. Cherchez-la encore. Elle
est sans doute quelque part. Je l'ai entendu tomber

Annette a jeté un coup d'oeil à l'Américain qui comprenait
assez mal la situation. 25

En obéissant à la demande de la vieille dame, tous les passagers
ont fait la culbute* en tâtant* les valises, les boîtes et les sacs au-
dessous des places sans rien trouver.

—Les pièces de monnaie ne se perdent pas si facilement, a dit
un grand pot de fleurs à l'arrière de l'autobus. 30

---

8. Qu'avait-elle à la main?
9. Qu'est-ce qui lui est arrivé en entrant?
10. Qui était assis derrière le chauffeur?
11. Comment savait-on que ce jeune homme était Américain?
12. Qu'est-ce qu'il a fait en voyant les pièces de monnaie sur
le plancher?
13. Quelle a été la réaction de Mme Picard?
14. Qu'est-ce qui lui manquait?
15. Qu'est-ce que tout le monde a fait?
16. Pourquoi Mme Picard savait-elle que la pièce était quelque part?
17. L'Américain comprenait-il la situation?
18. Comment tous les passagers ont-ils obéi à la demande de Mme Picard?
19. Est-ce qu'on a trouvé la pièce?
20. Qu'est-ce qu'un grand pot de fleurs a dit?

—C'est encore dans son sac, peut-être, portant l'intérêt,* a suggéré une halenée* d'ail.*

—Peut-être est-elle descendue pour prendre un peu d'air frais, a insinué un nez sensible tout près.

Un *Paris Match* a fait signe que oui.   5

—Non, c'est impossible, a insisté Mme Picard tranquillement. La pièce de cinquante centimes est encore dans l'autobus sur le plancher. Je l'ai entendu rouler.

Annette et l'Américain ont continué à échanger des coups d'oeil significatifs.   10

—Messieurs, dames. Veuillez mettre tous vos bagages à vos places. Ainsi on pourra mieux voir le plancher.

Une autre fois, chacun a hissé* ses bagages.

—Quelle sottise! *, s'est exclamée une pipe indignée.

—Oh là, là! a soupiré un parapluie vert qui faisait le galant* 15 à un chandail bien doué.

—Vieille fée! * a dit un gros ventre plié.*

Enfin comprenant la situation, le jeune Américain a aussi cherché à tâtons* la pièce disparue. À genoux, il a commencé à s'approcher d'Annette qui était aussi à genoux. Mais la pointe 20 d'une canne plantée à dessein* dans le plancher devant lui l'a empêché de se mettre en contact avec elle.

Tout le monde s'est assis de nouveau. Les hommes commencent à lire leurs journaux. Les femmes fouillent* dans leur sacs. Ici on regarde par la fenêtre, là on examine les réclames.* 25 Tous espèrent que l'autobus va enfin se mettre en route.

Annette, levant les yeux au plafond, espère que sa grand' mère va disparaître.

Le jeune Américain, en souriant à la jeune fille, espère qu'elle va lui parler. —————————   30

21. Qu'est-ce qu'une halenée d'ail a suggéré?
22. Quelle est la réaction d'un nez sensible?
23. Quelle est la réaction de Mme Picard à tous ces commentaires?
24. Qu'est-ce que tout le monde a fait?
25. Quelle est la réaction de la pipe indignée?
26. Qu'est-ce qu'un parapluie faisait?
27. Enfin, l'Américain a-t-il compris la situation?
28. Qu'est-ce qu'il a fait?
29. De qui s'est-il approché?
30. Qu'est-ce qui a empêché son effort?
31. Que font les hommes? les femmes?
32. Qu'est-ce que tout le monde espérait? Annette? l'Américain?

Mais la pièce de cinquante centimes va tuer tous ces espoirs.

Mme Picard, toujours debout près du chauffeur impatient continuait à surveiller la scène. Elle n'était pas encore vaincue

Se mettant à genoux sur le plancher sale, elle a commencé à fureter* entre les pieds et les bagages comme une grosse chienne 5 qui renifle après un os.*

Très embarrassée, Annette a gémi; Tout ça pour cinquante centimes.

—Tais-toi, Annette, a aboyé* Mme Picard, et aide-moi!

Gromellant entre ses dents et tâtonnant,* la grosse vieille 10 dame en noir s'est frayé* un chemin tout le long de l'autobus. À ce moment, derrièrre elle, les gens qui faisaient la queue ont commencé à entrer dans l'autobus enveloppant la vieille dame dans une vague* humaine.

Le jeune Américain était stupéfait d'une telle situation. 15 Soudain, cherchant à impressionner la jolie Française, une idée lui est venue pour sauver la situation. Clandestinement, il a sorti de sa poche une pièce de cinquante centimes, s'est incliné vers elle et puis s'est écrié: « Ici, madame. »

Mme Picard a fixé l'Américain d'un regard soupçonneux.* 20

—Où l'avez-vous trouvée, Monsieur?

L'Américain a levé son pied gauche.

—Vous ne saviez pas que c'était là. Vous ne l'y avez pas remarqué, alors? Tout le monde m'a aidé à la chercher et vous l'aviez sous vos pieds. 25

Elle s'est adressée aux autres: « Regardez mes vêtements! Tout sales. Regardez mes mains et mes bas que j'ai salies. Et pendant tout ce temps ma pièce de cinquante centimes se trouvait sous les pieds de ce monsieur! Que c'est agaçant.* ça! »

Tout le monde a regardé l'Américain d'un air sévère. 30

Le pot de fleurs a murmuré: "Mais que voulez-vous, c'est un jeune Américain."

---

33. Qu'est-ce qui va tuer tous ces espoirs?
34. Qu'est-ce que Mme Picard a commencé à faire?
35. Où s'est-elle frayé un chemin?
36. Qui a commencé à remplir l'autobus?
37. Quelle est la réaction du jeune Américain dans la situation présente?
38. Qu'est-ce qu'il a sorti de sa poche?
39. Comment Mme Picard a-t-elle fixé l'Américain?
40. De quelle manière l'Américain a-t-il indiqué où il a trouvé la pièce?
41. Quelle est la réaction de Mme. Picard?
42. Comment sont ses vêtements?

La halenée d'ail a exclamé: « Quelle bêtise! » *

La pipe indignée a soupiré: « Enfin, de la paix! »

L'Américain a rougi et s'est assis découragé.

C'était le tour d'Annette de sauver la situation. Elle est parvenue* à s'installer dans la place libre près du jeune Américain.   5

Il l'a regardée.

Elle lui a souri.

Ils ont commencé une conversation.

Mme Picard, en s'installant à la place quittée par Annette, désapprouvait manifestement.   10

Ce soir-là, chez elle, Mme Picard était en train de se déshabiller quand elle a trouvé dans son soulier une pièce de cinquante centimes. En la contemplant, elle a haussé les épaules et a dit lentement:

« Ah, ces Américains. Comme il leur manque le sens de   15
l'économie.»

-----

43.   Qu'est-ce que le pot de fleurs a dit? la halenée d'ail? la pipe indignée?
44.   Qui a sauvé la situation? Comment?
45.   Quelle est la réaction de Mme Picard?
46.   Où a-t-elle trouvé la pièce de cinquante centimes?
47.   Qu'est-ce qu'elle a dit?

EXERCICES

I. Vocabulaire

A. Partie orale: Répondez en employant les exemples.

> *Où vous êtes-vous installé?*
> Réponse: *Je me suis installé dans ce fauteuil.*

Où vous êtes-vous installé?
a. dans un avion
b. près du feu
c. dans un train
d. sur le plancher
e. dans un autobus
f. dans la chaise
g. derrière le mur
h. à côté de la fenêtre
i. derrière le chauffeur

> *Qu'est-ce que vous étiez en train de faire?*
> *(de lire cette histoire.)*
> Réponse: *J'étais en train de lire cette histoire.*

Qu'est-ce que vous étiez en train de faire?
a. de chercher la pièce
b. d'ouvrir le sac
c. de ramasser les fleurs
d. d'obéir à ma mère
d. de me déshabiller
e. de prendre un peu d'air
f. de hisser mes bagages
g. de commencer une conversation

B. Partie écrite:

1. Complétez chaque phrase suivante en ajoutant des mots convenables pour faire une phrase originale.

a. La portière s'est ouverte et je . . . .
b. Levant les yeux au plafond, l'Américain . . . .
c. Gromellant entre mes dents, je . . . .
d. Je me suis fait une idée pour . . . .
e. C'était mon tour de . . . .
f. Se mettant à genou, il . . . .
g. J'étais stupéfait d'un(e) tel(le) . . . .
h. J'ai remarqué l'entrée de . . . .

2. Récapitulation: Voici une liste de prépositions.
Choisissez dix d'entre elles et employez chacune dans
une phrase originale.

à	sur	devant	à cause de	en arrière de
de	sous	contre	derrière	au fond de
en	dans	malgré	au-dessus de	au dehors de
vers	pour	après	au-dessous de	au milieu de
sans	chez	jusqu'à	en face de	le long de
avec	entre	autour de	au pied de	à cause de

II. Grammaire

A.   Partie orale:

1.   Refaites les phrases selon l'exemple.

C'est un chien. Il renifle après un os.
Réponse: *C'est un chien qui renifle après un os.*

a. C'est un chauffeur. Il regarde son autobus.
b. C'est un Américain. Il remarque l'entrée de la jeune fille.
c. C'est un passager. Il s'installe dans un place libre.
d. C'est une femme. Elle cherche un soulier.
e. C'est un monsieur. Il fouille dans sa poche.
f. C'est une dame. Elle se déshabille.
g. C'est un homme. Il fait la culbute.
h. C'est un passager. Il lève le pied gauche.

2.   Refaites les phrases en employant l'adverbe *y* selon
l'exemple.

J'ai remarqué la canne derrière le sac.
Réponse: *J'y ai remarqué la canne.*

a. Il a trouvé la pipe dans sa poche.
b. Nous avons trouvé les valises en arrière de l'autobus.
c. Ils ont cherché la monnaie au-dessous des places.

d. Les pièces sont tombées <u>au plancher</u>.

e. Les femmes ont fouillé <u>dans leurs sacs</u>.

f. L'autobus est allé <u>à Blois.</u>

g. Il a posé le pot <u>sur la table</u>.

h. La dame a marché <u>à la gare</u>.

B. Partie écrite:

1. Mettez les phrases suivantes (1) au passé composé (2) à l'imparfait et (3) au futur selon l'exemple

Le chauffeur ouvre la portière.

a ouvert

Réponse: *Le chauffeur ouvrait la portière.*

ouvrira

a. L'autobus s'arrête devant la gare.

b. L'Américain parle français.

c. Mme Picard voit la pièce de cinquante centimes.

d. Les passagers hissent leur bagage.

e. Le garçon comprend la situation.

f. Les femmes fouillent dans leurs sacs.

g. La jeune Française va à Blois.

h. Annette monte dans l'autobus.

2. Complétez les phrases suivantes en employant le sujet indiqué et l'imparfait du verbe selon l'exemple.

Quand je suis entré, (il, regarder le pot)

Réponse: *Quand je suis entré, il regardait le pot.*

Quand je suis entré,

a. (vous) (aider la femme)

b. (tu) (compter la monnaie)

c. (elle) (hisser les valises)

d. (on) (examiner les réclames)

e. (ils) (prendre un peu d'air)

f. (vous) (lire l'histoire)

III. Composition

*A. Écrivez des propositions basées sur cette histoire et demandez aux autres étudiants si elles sont vraies ou fausses.
B. Préparez un dialogue entre Annette et l'Américain.

IV. Projets de classe

A. Préparez pour présentation la piécette suivante.
B. Jouez en français le jeu de *Vingt questions* en cachant une pièce de monnaie quelque part dans la salle de classe.

Une Piécette

UN SENS D'AMOUR

Le Chauffeur   l'Américain   Une Dame
Annette   Les Passagers

Le Chauffeur: Entrez, Messieurs-dames!
  (Annette entre, regarde l'Américain et paie le chauffeur.)
Le Chauffeur: Merci, mademoiselle.
  (Annette s'assied à sa place à coté de l'Américain. Une dame
  entre.)
Le Chauffeur: Cinquante centimes, s'il vous plaît.
Une Dame: Je n'ai pas ma pièce de cinquante centimes.
Le Chauffeur: Cinquante centimes, s'il vous plaît.
Une Dame: Il me manque une pièce de cinquante centimes.
Le Chauffeur: (aux passagers) Elle n'a pas sa pièce de cinquante
  centimes.
Les Passagers: Elle n'a pas sa pièce de cinquante centimes.
Premier Passager: Est-ce encore dans votre sac?
Une Dame: Non, ce n'est pas encore dans mon sac.
Les Passagers: N'est-ce pas dans son sac? Où est donc sa pièce
  de cinquante centimes?
Deuxième Passager: Est-ce sur le plancher?
Une Dame: Non, ce n'est pas sur le plancher.
Les Passagers: N'est-ce pas sur le plancher? Où est donc sa pièce
  de cinquante centimes?
Troisième Passager: Est-ce dans votre soulier?
Une Dame: Non, ce n'est pas dans mon soulier.
Les Passagers: N'est-ce pas dans son soulier? Où est donc la pièce
  de cinquante centimes?
L'Américain: Voici la pièce de cinquante centimes!
Premier Passager: Où avez-vous trouvé la pièce de cinquante
  centimes? À votre place?
L'Américain: Non, pas à ma place.
Deuxième Passager: Où avez-vous trouvé la pièce de cinquante
  centimes? Sous vos bagages?
L'Américain: Non, pas sous mes bagages!
Troisième Passager: Où avez-vous trouvé la pièce de cinquante
  centimes? Sous vos pieds?

L'Américain: Non, pas sous mes pieds.

Une Dame: Où, alors, avez-vous trouvé la pièce de cinquante centimes?

L'Américain: J'ai trouvé la pièce dans mon coeur quand j'ai commencé à aimer la jolie Annette.

Une Dame: Ah, comme ces Américains manquent le sens de l'économie.

Annette: Mais, oh, là, là! Comme ils possèdent un sens de l'amour!

LA VISITE

accablant	overwhelming	grêlé	pock-marked
une alliance	wedding ring	un index	fore-finger
bavard	talkative	le jupon	apron
bondir	to jump down	en loques et	tattered and
se brosser	to brush oneself	haillons	torn
le but	end: goal	la miette	crumb
la cave	cellar	le nid à rats	mere hovel
la chandelle	candle	le papillon	butterfly
chuchoter	to whisper	plier	to fold
le cocher	coachman	la poussière	dust
le couloir	hall	remuant	restless
le couvercle	lid	répandre	to spread out
la croûte	crust	le riz	rice
le cuir	leather	sauf	except
embêter	to bother	se serrer	to hold onto
la farine	flour	sourd	deaf
le four	oven	le squelette	skeleton
gaspiller	to waste	le talon	heel
gêner	tó bother	volontiers	willingly

∿∿∿∿

Majesté,

Permettez-moi qui suis votre pauvre hôtesse et votre servante
de vous souhaiter la bienvenue aussi bien qu'à votre Cour illustre.
Je remarque, depuis votre arrivée, que votre Majesté est vraiment   5
un roi admirable. J'observe la magnificence de la suite de votre
Majesté, son économie, sa politesse, sa joie-de-vivre. Vos compagnons dînent sans gaspiller* un seul morceau. Ils sont bien
silencieux. Ils ne réveillent pas mes enfants avec leurs festins
nocturnes et ils mènent leurs affaires avec discrétion. Je remarque 10
aussi que vos serviteurs sont bien organisés, bien disciplinés et
compétents dans l'exercice de leurs fonctions. Ce sont vraiment

---

QUESTIONNAIRE

1. À qui la lettre est-elle écrite?
2. Qu'est-ce que l'écrivain de la lettre remarque?
3. Comment dînent ces gens?
4. Quand ont-ils leurs festins?
5. Comment mènent-ils leurs affaires?
6. Comment sont les serviteurs du roi?

des professionnels qui arrangent bien leurs affaires. Sans doute,
l'histoire racontera: « C'était un Roi Glorieux.»

Mais, Majesté, je vous prie d'entendre les mots d'une pauvre
femme — une femme sans mari, une femme avec trois bouches à
nourrir, une femme qui n'a que ce nid à rats,* une vieille grange,   5
quelques vaches maigres et quelques poulets émaciés. Vraiment,
nous n'avons pas les moyens de vous recevoir comme vous êtes
accoutumé de l'être. Pour vous ma maison est sans doute bien
modeste, nos viandes sans goût, et le peu d'espace dont nous
disposons trop petit pour une telle suite.   10

Permettez-moi de suggérer à votre Majesté qu'il y a dans le
voisinage une certaine maison vide à present. Monsieur et Madame Duclos et leurs trois enfants, une famille riche et bien née,
sont en vacances à Nice. Ils habitent la grande maison directement à côté du pont près de la ville. Il n'y a personne là sauf*   15
Marcel, un vieux serviteur sourd* qui ne vous gênera* pas.
Hélas, il peut même vous aider un peu quand vous aurez besoin
de quelque chose. La maison des Duclos est beaucoup plus
élégante que la mienne. Là on mange beaucoup mieux. Il y
aura assez d'espace pour loger toute votre troupe. Je vous   20
recommende fortement ce logement et je sais bien que votre
Majesté le trouvera beaucoup plus pratique à ses buts.*

Je garderai un bon souvenir du séjour de Sa Majesté, de la
noblesse de son coeur, de l'élégance de son style et de la puissance de sa présence. Je regretterai le départ d'un groupe si   25
nombreux. Mais je sacrifierai volontiers* le grand honneur de
cette présence si je sais que Sa Majesté est plus confortable et
mieux servie.

Veuillez accepter mes sentiments les plus devoués.

Angélique Clément   30

7.   Qu'est-ce que l'histoire racontera?
8.   Quelle est la situation de la femme?
9.   Est-ce que sa maison est digne d'un roi?
10. Qu'est-ce qu'il y a dans le voisinage?
11. Qui habite cette maison?
12. Où sont les Duclos à présent?
13. Où se trouve leur maison?
14. Qui est Marcel?
15. Qu'est-ce qu'il peut faire?
16. Pourquoi le roi trouvera-t-il la maison des Duclos plus pratique
     à ses buts?
17. De quoi la femme gardera-t-elle un bon souvenir?
18. Comment s'appelle la femme?

Il était deux heures du matin quand Angélique a posé sa plume sur le bureau. A la lumière de la chandelle,* elle a relu la lettre avec satisfaction, l'a pliée* plusieurs fois, et s'assurant que la maison était silencieuse et que tout le monde dormait, elle est sortie furtivement de sa chambre. En descendant à la cave,* elle a mis la lettre au-dessous de la porte où demeurait le roi. 5

Comme la voiture à deux chevaux traversait le pont directement à côté de la maison, Madame Duclos disait à son mari: « Ah, que je suis contente de rentrer à la maison! La saison à 10 Nice était bien amusante mais je suis fatiguée des soirées et des bals. Il y avait trop de soleil. Je veux me reposer et retrouver une vie plus calme. »

—Mathilde, lui répondit son mari, Étienne, en souriant. C'est toujours la même chose avec toi. Chaque été tu retournes à la 15 maison fatiguée. Tu souhaites une vie plus calme. Et alors, après une semaine de vie à la campagne, tu deviens remuante.* Tu veux aller à Paris pour courir les boutiques ou à Deauville pour voir grand'mère. Maman est vraiment un papillon,* n'est-ce pas, Éloise? 20

Éloise, petite fille âgée de huit ans, a fait signe que oui et a dit: « Oui, Papa. Attention, Papa, Maman! Regardez la maison! »

Tout le monde a regardé par la fenêtre de la voiture et a surveillé la maison et ses jardins. Un silence étrange enveloppait la famille. Jacqueline et Paulette, jeune filles de quinze et dix- 25 huit ans et d'habitude bavardes,* fixaient la maison sans parler.

La voiture s'est arrêtée devant la porte principale et le cocher*, Jacques, bondissant* de sa place et se brossant,* a ouvert la porte de la voiture pour la famille. M. Duclos a aidé sa femme

---

19. Où Angélique a-t-elle mis la lettre?
20. A qui Mme. Duclos parlait-elle?
21. Comment était la saison à Nice cette année-ci?
22. De quoi Mme. Duclos est-elle fatiguée?
23. Quel temps faisait-il à Nice?
24. Qu'est-ce que Mme Duclos veut faire après son retour?
25. Quelle est la réaction de M. Duclos au discours de sa femme?
26. Après une semaine à la campagne, où Mme. Duclos veut-elle aller d'habitude?
27. Qui est Eloise? Qu'est-ce qu'elle a remarqué?
28. Identifiez Jacqueline et Paulette.
29. Comment fixaient-elles la maison?
30. Où la voiture s'est-elle arrêtée?
31. Comment s'appelle le cocher?

à descendre et tous deux sont restés immobiles à regarder la maison.

—Étienne, quelque chose ne va pas.

—Qu'est-ce que c'est, Mathilde? De quoi parles-tu?

—Etienne. Je le sais, a-t-elle insisté. Quelque chose ne va pas 5
bien. Je le sais.

—Je ne comprends pas. Qu'as-tu?

—Etienne. Je le sens. Quelque chose a changé.

—Allons donc, ma chérie. Tu est fatiguée, c'est tout. Tu as besoin du thé, et d'un peu de repos. Entrons dans la maison. 10
Marcel fera un feu . . .

—Où est Marcel, Etienne? a demandé Mathilde. Il est toujours là pour ouvrir la porte. Où est-il donc?

Les jeunes filles sont descendues de la voiture et ont regardé la maison. 15

—Je le sens aussi, Maman, a murmuré Eloise.

—Espèce d'idiote! a dit Jacqueline en se moquant d'elle.

—Tais-toi, Jacqueline. Je le sais. Quelque chose ne va pas, a ajouté Mme Duclos.

La famille s'est approchée de la porte. Etienne a frappé mais 20
il n'y avait pas de réponse.

—Où est cet imbécile? a grommelé M. Duclos en sortant une clef de sa poche. Je lui ai écrit l'heure de notre arrivée. Où est-il? Alors, Monsieur Duclos a ouvert la porte en la poussant.

La famille a passé par le vestibule et a pénétré dans le couloir* 25
central où se trouvait le grand escalier. Un silence absolu y règnait.

—Marcel, Marcel. Où êtes-vous? s'est écrié M. Duclos.

Pas de réponse.

—Papa, j'ai peur, dit Eloise en se serrant* contre Mme Duclos.

—J'ai froid, Papa, dit Paulette nerveusement. 30

—Sois tranquille, ma petite. Je chercherai Marcel.

M. Duclos a marché vers la porte du grand salon. En l'ouvrant il a entendu un bruit près de la cheminée. Un bruit de petites pattes? Non, c'était impossible. La poussière* sur la table

32. Décrivez l'arrivée de la famille devant la maison.
33. Quelle était la réaction de Mme. Duclos devant sa maison?
34. Qui ouvre la porte d'habitude?
35. Quelle était la réaction des filles?
36. Dans quelle partie de la maison la famille pénétrait-elle?
37. Qu'est-ce qui y règnait?
38. Que faisait Eloise?
39. Où M. Duclos a-t-il marché?
40. Qu'est-ce qu'il a entendu en ouvrant la porte du salon?

était singulièrement grêlée.* « Bizarre, s'est dit M. Duclos.
Est-ce que Marcel est devenu paresseux pendant notre absence? »
—Il n'y a personne ici, Mathilde. Allons voir dans la cuisine.
Il doit être endormi près du four.*

La famille s'est approchée des portes de la salle à manger. M.   5
Duclos les a ouvertes. La scène qui s'est présentée était si stupé-
fiante que Mme Duclos a poussé un cri d'étonnement, et les
enfants ont gémi.

—Diable! a crié M. Duclos.

La grande table était couverte de débris d'un grand répas.   10
Des miettes de gâteau « ornaient» la nappe sale. Les morceaux de
fromage adhéraient aux assiettes, et quelques croûtes* de pain
était répandues* sur le tapis qui étaient aussi couvert de miettes.*
Les rideaux d'or de la salle à manger étaient tout en loques et
haillons*, et par-ci et par-là le tapis était déchiré.   15

—Marcel! Marcel! s'est écrié M. Duclos. Il a traversé la salle
à manger jusqu'à la porte de la cuisine, la famille sur ses talons.*

Autre spectacle stupéfiant dans la cuisine! De nouveau des
cris et des soupirs. La cuisine était une véritable scène de bataille.
des miettes de biscuit, de pain, de gâteaux, des morceaux de   20
fromage. Les pots de terre ouverts et vides, les couvercles*
cassés par terre. Sur le plancher on ne voyait que des traces
minuscules de sucre, de farine,* de riz.*

—Etienne. Qu'est-ce qui s'est passé? C'est incroyable. Je ne
comprends pas. C'est un désastre! Je vais m'évanouir,   25

—Du calme, Mathilde, du calme! M. Duclos a pris le bras de
Mathilde pour la soutenir, « Allons au fond de ce mystère. Monte
dans ta chambre. Paulette, Jacqueline! Aidez votre mère à
gagner sa chambre. Eloise, sors de la maison et ramène Jacques.»

---

41. Comment était la table?
42. Qu'est-ce qu'il a pensé de la condition de la table?
43. De quoi la famille s'est elle approchée ensuite?
44. Qui a ouvert les portes?
45. Quelle est la réaction de la famille?
46. Décrivez la table.
47. Qu'est-ce qui ornait la nappe?
48. Qu'est-ce qui adhérait aux assiettes?
49. Qu'est-ce qui était répandu sur le tapis?
50. Comment étaient les rideaux d'or? et le tapis?
51. Ensuite où la famille est-elle allée?
52. Décrivez le spectacle dans la cuisine.
53. Quelle était la réaction de Mme Duclos?

—Non, Etienne. J'ai peur. Je ne veux pas monter dans ma chambre. Je veux rester avec toi. Elle a crié: «Marcel! Marcel, où êtes-vous? »

Le silence continuait à régner. Pas de réponse.

—Alors, chérie. Nous chercherons Marcel dans sa chambre. 5

La famille a monté l'escalier qui menait à la chambre de Marcel. M. Duclos a frappé à la porte. Pas de réponse. De nouveau — rien.

—Etienne! Mme Duclos a saisi ses bras.

—Du calme, Mathilde. 10

Il a ouvert la porte, lentement et soigneusement.

—Marcel, Marcel! a-t-il chuchoté.*

Quand la porte a été toute grande ouverte une autre scène affreuse s'est offerte. Par les rideaux demi-ouverts un rayon de soleil poussiéreux a illuminé sur le lit un squelette,* couvert d'un 15
jupon* de cuir,* une alliance* à l'index* et des lunettes reposantes grotesquement sur un visage ravagé.

Le scandale de la maison Duclos a pénétré partout. Au village, tout le monde a discuté sur les événements choquants. On savait que ces «petites bêtes» étaient une menace continuelle. Après 20
tout, elles demeurent partout, il n'y a guère de logis ou elles ne sont pas absentes. Mais c'était la première fois qu'elles s'étaient déchaînées* d'une façon tellement furieuse. À propos des Duclos, on a dit que Mme Duclos était dans un hôpital à Paris souffrante d'une crise de dépression nerveuse. D'autres ont dit qu'Eloise 25
ne pouvait plus parler depuis «ce jour incroyable.» D'autres encore ont dit que Paulette tenait à entrer dans un couvent et que Jacqueline éclatait en sanglots à la chute d'un mouchoir. Le facteur a parlé d'une lettre reçue pas le maire, dans laquelle M. Duclos a juré que la famille n'entrerait jamais plus dans cette 30
maison «de peste.» * Tout le monde a assisté aux funérailles,

---

54. Pourquoi Mme Duclos ne voulait-elle pas monter à sa chambre?
55. Où est-ce que la famille est montée ensuite?
56. Qui a ouvert la porte de la chambre de Marcel?
57. Qu'est-ce qu'on a trouvé sur le lit?
58. Par où le scandale a-t-il pénétré?
59. Qu'est-ce que tout le monde savait dans le village?
60. Qu'est-ce qu'on a raconté au sujet de Mme Duclos? d'Eloise? de Paulette? de Jacqueline?
61. Qu'est-ce que M. Duclos a juré dans sa lettre au maire.

plus intrigué par la présence des inspecteurs de Paris qu'ému
par la mort du vieux Marcel.

Le soir après les funérailles, Angélique Clément était à genoux
devant son lit.

—Seigneur, a-t-elle prié. Je vous remercie de m'être débar-
rassée * de ces convives non invités. Bien sûr, je n'ai jamais aimé
les Duclos mais je n'avais rien contre ce pauvre Marcel. Je ne
voulais pas qu'on le dévore. Dites-lui mes regrets.

---

62. Pourquoi est-ce que tout le monde était présent aux funérailles?
63. Qu'est-ce qu'Angélique a fait le soir après les funérailles?
64. De quoi a-t-elle remercié le Seigneur?
65. Qu'est-ce qu'elle n'avait pas voulu?

EXERCICES

I. Vocabulaire

A. Partie orale:

1. Donnez l'adjectif qui vient de la même famille que ces noms suivants.

la compétence   la certitude   la tranquillité
la profession   l'élégance   le confort
l'immobilité   l'impossibilité   la pauvreté
la discrétion   la stupéfaction   la gloire

2. Donnez l'adverbe qui vient de la même famille que ces adjectifs suivants.

vrai   silencieux   furtif   soigneux   singulier
lent   grotesque   nerveux   certain   direct

3. Donnez le nom qui vient de la même famille que ces adjectifs suivants.

absent   discret   satisfait   fonctionnel
poli   puissant   magnifique   complémentaire
grand   présent   économique   silencieux

B. Partie écrite:

1. Complétez chaque phrase suivante en ajoutant des mots convenables pour faire une phrase originale.

a. Je vous prie de . . . .
b. Permettez-moi de . . . .
c. Je sais bien que . . . .
d. Je me suis assuré que . . . .
e. En descendant dans la cave . . . .
f. Il a aidé le professeur à . . . .
g. Il paraît que . . . .
h. La scène qui s'est présentée était . . . .
i. Tout le monde a assisté à . . . .

2. Récapitulation: Voici une liste des verbes d'expression orale. Choisissez dix de ces verbes et employez chacun dans une phrase originale.

dire	réciter	chuchoter	recommander	soupir
crier	annoncer	marmotter	interpeller	supplier
gémir	suggérer	gromeller	s'exclamer	murmurer
parler	affirmer	bavarder	répliquer	répéter
aboyer	reprendre	demander	balbutier	interposer

II. Grammaire

A. Partie orale:

1. Mettez les phrases à l'imparfait selon l'exemple.

J'ai dîné chez Angélique.
Réponse: *Je dînais chez Angélique.*

a. Elle a relu la lettre.
b. J'ai plié le papier.
c. Il a dormi à la maison.
d. Il a bondi de sa place.
e. La voiture a traversé le pont.
f. Elle a couru les boutiques.
g. Marcel a marché à la porte.
h. J'ai voulu rester avec toi.

2. Mettez ces phrases à la forme interrogative selon l'exemple.

La famille s'est approchée de la maison.
Réponse: *La famille s'est-elle approchée de la maison?*

a. Maman s'est réposée au lit.
b. Jacques s'est brossé.
c. Eloise s'est serrée contre sa mère.
d. Les soeurs se sont évanouies.
e. Papa s'est endormi.
f. La voiture s'est arrêtée devant la porte.

B. Partie écrite:

1. Remplacez les noms soulignés avec le pronom convenable. Faites attention à l'accord du participe passé s'il est nécessaire.

Eloise a ouvert la porte.
Réponse: *Elle l'a ouverte.*

a. Le roi a relu la lettre.
b. Angélique a regretté son départ.
c. Le serviteur a arrangé les rideaux.
d. Les soeurs ont surveillé la maison.
e. Le cocher a brossé les chevaux.
f. Eloise et Jacqueline ont envoyé leurs lettres.
g. Le maire a observé leur arrivée.
h. Les mères ont réveillé les enfants.

2. Changez ces phrases selon l'exemple.

Angélique a posé la plume sur le bureau.
Réponse: *Voilà la plume qu'Angélique a posée sur le bureau.*

a. Le chauffeur a regardé les voitures.
b. Jacqueline a ouvert la porte.
c. Elle a écrit les lettres.
d. Nous avons cherché les chevaux.
e. La famille a monté l'escalier.
f. Ils ont mangé le gâteau.

III. Composition

A. Préparez une scène dramatique dans laquelle le roi et sa cour décident de quitter la ferme d'Angélique et d'aller chez Monsieur Duclos.

*B. Faites un exercice qui demande aux étudiants de refaire les phrases à la forme négative (ne . . . pas, ne. . . . rien, ne . . . personne, ne . . . plus, ne . . . jamais etc.)

120

IV. Projet de classe

La Visite est basée sur la superstition suivante: lorsqu'une maison est infestée par les rats, le propriétaire peut toujours écrire une lettre au roi des rats. Si cette lettre lui fait plaisir, quelquefois le roi consentira à partir. Trouvez d'autres superstitions et écrivez quelques histoires basées sur elles. Faites un petit recueil de ces histoires.

V. Pour stimuler une discussion

Demandez à un(e) camarade:
1. s'il (elle) aime écrire des lettres.
2. s'il (elle) est tranquille à la maison.
3. s'il (elle) réveille ses parents avec des festins nocturnes.
4. s'il (elle) est bien organisé(e).
5. si le professeur est compétent dans l'exercice de ses fonctions.
6. ce que l'histoire racontera de lui (elle).
7. s'il (elle) aime dîner à la chandelle.
8. où il (elle) passe ses vacances.
9. s'il (elle) fait sa prière avant de se coucher.
10. s'il (elle) s'est jamais évanoui(e).

ENCORE DES HISTORIETTES

s'apercevoir	to notice	l'infini en petit	infinitessimal
un arc	bow (archery)	jouir (de)	to enjoy
une auberge	inn	où l'on en est	at the point one is at
bouger	to budge	se parer	to adorn oneself
un chaudron	kettle	passager(ère)	passing
un chaudronnier	coppersmith	la perte	loss
le chou	cabbage	le potager	vegetable garden
un éclat	brilliance, lustre	prédire	to predict
enterrer	to bury	prêter	to lend
faire cuire	to cook	le réseau	network, web
faire des fouilles	to conduct diggings	la suite	group of followers
		saluer	to greet; bow
se faner	to fade	tandis que	while
le fil de fer	iron wire	tant bien	somehow or
indigne	unworthy	que mal	other
l'infini en grand	limitless	vivifier	to bring to life

∿∿∿∿

Au Voleur!

—Tu as vu des bandits, dis-tu?

—Oui.   —Combien?

—Sept.   —Tu dis?

—Je dis sept.   —Dix-sept?

—Non, sans dix.   —Cent dix?

—Non . . . sans dix!   Sept.

—Cent dix-sept?

—Mais non!   Sept, sans dix.

—Sept cent dix?

—Sapristi!   Sept, sans dix, sept.

—Sept cent dix-sept?

—Mais non!   Je dis sept, sans dix!

—Dix-sept cent dix?   Quoi, mais c'est tout un régiment!

Pour stimuler une discussion:

1. Avez-vous jamais vu un bandit?
2. Nommez quelques bandits légendaires qui sont bien célèbres.

122

Le médecin et le curé

Hyppolyte Taine, célèbre historien et philosophe français, raconte l'anecdote suivant: Sir Henry Bulwar demande à deux petits villageois français, l'un âgé de sept ans, l'autre de huit: « Qu'allez-vous faire, lorsque vous serez grand? »

L'un répond: « Je serai le médecin du village.»

« Et toi, quelle profession choisiras-tu? »

« Oh, reprend l'autre, si mon frère est médecin, je serai curé. Lui, il tuera les gens, et moi, je les enterrerai:* de cette façon, nous aurons tout le village à nous deux.»

Pour stimuler une discussion

1. Quand vous étiez plus jeune, quelle profession vous intéressait, le plus? Pourquoi?
2. Quelle profession vous intéresse le plus à présent? Pourquoi?

Comment comprendre l'archéologie

Un beau jour de printemps, les deux compagnons, Gaston et Marcel, l'un Gascon, l'autre Marseillais, étaient assis sur un banc public.

Sais-tu, dit Gaston, qu'un archéologue a trouvé chez nous, à cent mètres sous terre, tout un réseau* de fil de fer? *

—Et qu'est-ce que ça prouve?

—Ça prouve que les Gascons avaient un système de télégraphie il y a deux mille ans.

—Rien d'extraordinaire, dit le Marseillais. Chez nous aussi, on a fait des fouilles,* mais on n'a rien trouvé.

—Et alors? dit Gaston.

—Eh bien, ça prouve qu'il y a 3 000 ans, à Marseilles, nous avions la télégraphie sans fil.

Pour stimuler une discussion

1. Nommez un archéologue célèbre et racontez ce qu'il a découvert.
2. Nommez tous les systèmes de communications inventées par les hommes.

Comment faire un champignon

Voyageant en Suisse avec quelques amis, le célèbre Alexandre Dumas est arrivé à une toute petite auberge* où il voulait dîner. L'aubergiste et ses gens ne savaient que l'allemand. Dumas et ses amis ne savaient que le français et ils ne pouvaient pas se faire comprendre de l'aubergiste. Tous leurs efforts étaient insuffisants. Enfin, Dumas a insisté auprès de ses compagnons: « Il faut surmonter cet obstacle et vous allez voir comment je le ferai tout de suite.» Prédisant* victorieusement son triomphe, il a continué: « Si l'on a plus d'une corde à son arc,* on peut aisément se passer des langues modernes. Un petit dessin me suffira pour réussir.»

Absolument convaincu que son idée était excellente, il a dessiné tant bien que mal* un champignon et l'a fait voir à l'aubergiste. Après un moment d'hésitation, l'aubergiste est sorti et revenu bientôt avec . . . un parapluie.

Pour stimuler une discussion

1. Connaissez-vous un roman d'Alexandre Dumas?
2. Quelle est la différence entre un champignon et un parapluie?
3. Quels pays ont leurs frontières avec la Suisse? Nommez les capitales de ces pays.

Comment faire cuire un gros chou

Un beau jour d'automne, deux compagnons, Gaston et Marcel, l'un Gascon, l'autre Marseillais, passaient devant un potager* où il y avait des choux* superbes.

—Quels beaux choux là-bas, s'est écrié Gaston. Ils sont magnifiques! Je n'ai jamais vu de tels choux!

—Bah! a répondu Marcel, cela n'est rien. En faisant mon tour de France, j'ai vu quelque part un chou qui était plus gros que cette boutique au coin de la rue. Une douzaine de chevaux ne pouvait pas le bouger.

Gaston, qui était chaudronnier* de sa profession, lui a répliqué:

—Plus gros que cette boutique! C'est beaucoup dire. Cependant on voit de belles choses en voyageant. Moi, je me rappelle avoir aidé à façonner un chaudron* qui était aussi grand que cette école là-bas.

—Vraiment? a dit Marcel. Pourquoi avait-on besoin de cet immense chaudron?

—Ah! probablement pour y faire cuire* ton chou, a répondu Gaston.

Pour stimuler une discussion

1. Nommez d'autres légumes. Quels légumes préférez-vous?
2. Qu'est-ce que vous savez faire cuire?
3. Quelles belles choses avez-vous vues en voyageant?

Henri IV et le paysan

Un jour, le roi Henri IV était à la chasse dans la forêt de St. Germain. Il a perdu sa suite en suivant un renard et à cause de l'heure avancée il a decidé de revenir seul à Paris. En chemin il a rencontré un paysan attendant au bord de la route.

—Que fais-tu là? lui dit Henri.

—J'attends le roi. On m'a dit qu'il passera par ici avec sa suite.* Mais on m'a dit aussi qu'il s'est habillé très simplement et ne se distingue guère des personnes de sa suite. Il ne sera pas facile de le reconnaître parmi tous les gentilshommes qui l'accompagnent.

—Mon bon ami, a repris le roi en souriant, je vais vous dire comment on peut reconnaître le roi. Quand il passera, tout le monde enlèvera son chapeau, mais lui, il gardera son chapeau sur la tête. Je vous conduirai à un endroit où vous verrez le roi. Montez derrière moi sur mon cheval.*

En remerciant vivement l'étranger, le paysan est monté. Saisissant les brides du cheval, le roi a continué son chemin en bavardant gaîment avec son compagnon.

Bientôt, ils sont arrivés à l'endroit où la suite du roi l'attendait. Tous les gentilshommes, en reconnaissant le roi ont enlevé leur chapeau et ont salué* profondément.

—Eh, bien, dit le roi au paysan, reconnais-tu maintenant le roi?

—Ma foi, monsieur, répond l'autre. Sans doute c'est vous ou moi, car il n'y a que nous deux qui gardions notre chapeau sur la tête.

Trois devinettes

I.

Quelle est la fleur passagère* dont le parfum est sans agrément lorsqu'elle est toute seule, mais qui prend un parfum délicieux si on la place en compagnie d'autres fleurs: elle prête* en même temps un éclat* particulier à tout ce qui l'entoure. Dans les bouquets que l'on voit, elle se fane* la première, tandis que* ses compagnes se conservent plus longtemps. Une femme belle et vaine ne désirera que cette fleur pour s'en parer;* la plus sage souhaitera plutôt d'avoir les autres.

Paul de Musset

II.

Quelle est la chose qu'on reçoit sans remercier, dont on jouit* sans savoir comment, qu'on donne aux autres quand on ne sait où l'on en est,* et qu'on perd sans s'en apercevoir? *

Voltaire

III.

Quelle est de toutes les choses du monde la plus longue et la plus courte, la plus prompte et la plus lente, la plus divisible, et la plus étendue, la plus négligée et la plus regrettée, sans que rien ne se peut faire, qui dévore tout ce qui est petit, et qui vivifie* tout ce qui est grand?

Voltaire

Réponse aux Devinettes

I

La jeunesse. Son éclat est doublé quand les talents et les vertus l'accompagnent. Elle passe, et les autres fleurs restent. La femme frivole ne souhaite pas d'autre avantage; une personne sage aimera mieux les talents et les vertus qui survivent à la jeunesse.

II.

La vie.

III.

Le temps: Rien n'est plus long, puisqu'il est la mesure de l'éternité, rien n'est plus court, puisqu'il manque à tous nos projets; rien n'est plus lent pour qui attend; rien n'est plus rapide pour qui jouit; il s'étend jusqu'à l'infini en grand;* il se divise jusque dans l'infini en petit;* tous les hommes le négligent, tous en regrettant la perte;* rien ne se fait sans lui; il fait oublier tout ce qui est indigne* de la postérité, et il immortalise les grandes choses.

ACROSTICHES

la circulation	traffic	**la piscine**	swimming pool
à peine	scarcely		

~°~ΩΩΩΩ~

Un acrostiche est un poème dans lequel, si on lit dans le sens vertical la première lettre de chaque vers, on trouve le mot pris pour sujet. Voici un acrostiche fait sur Louis XIV par quelque solliciteur qui n'a rien dans sa poche.

L ouis est un héros sans peur et sans reproche:
O n désire le voir. Aussitôt qu'on l'approche,
U n sentiment d'amour enflamme tous les coeurs.
I l ne trouve chez nous que des adorateurs.
S on image est partout, excepté dans ma poche.

Le Petit Larousse

P aris! J'aime cette ville qui se trouve
A utour de la Tour Eiffel et du Louvre.
R ues et boulevards sont bien mêlés.
I le de la Cité étend ses ponts aux quais.
S a circulation? *   A peine* je l'approuve.

Acrostiche d'une mouche au café

C afé au lait dans une tasse,
A bandonné au soleil à sa place,
F ait une bonne piscine* pour les mouches
É levées à fermer la bouche.

DES COÏNCIDENCES BIZARRES

Par Eugène Ionesco

(Mme et M. Martin sont assis l'un en face de l'autre sans se parler. Après un certain temps ils se sourient, avec timidité.)

M. Martin: Mes excuses, Madame, mais il me semble, si je ne me trompe pas, que je vous ai déjà rencontrée quelque part.

Mme Martin: À moi aussi, Monsieur, il me semble que je vous ai déjà rencontré quelque part. 5

M. Martin: Est-ce que je vous ai déjà aperçu, Madame, à Manchester par hasard?

Mme Martin: C'est très possible. Moi je suis originaire de la ville de Manchester! Mais je ne me souviens pas très bien, Monsieur, si je vous y ai aperçu ou non! 10

M. Martin: Mon Dieu, comme c'est curieux! Moi aussi je suis originaire de la ville de Manchester, Madame!

Mme Martin: Comme c'est curieux!

M. Martin: Comme c'est curieux! . . Seulement, moi, Madame, j'ai quitté la ville de Manchester, il y a cinq semaines 15 environ.

Mme Martin: Comme c'est curieux! Quelle bizarre coïncidence! Moi aussi, Monsieur, j'ai quitté la ville de Manchester, il y a cinq semaines environ.

M. Martin: J'ai pris le train d'une demie après huit le matin, 20 qui arrive à Londres à dix heures et quart, Madame.

Mme Martin: Comme c'est curieux, comme c'est bizarre! et quelle coïncidence! J'ai pris le même train, Monsieur, moi aussi!

M. Martin: Mon Dieu, comme c'est curieux! Peut-être alors, 25 Madame, que je vous ai vue dans le train?

QUESTIONNAIRE

1. Qu'est-ce que M. Martin et Mme Martin font après un certain temps?
2. D'où la femme est-elle originaire?
3. Quelle est la première coïncidence?
4. Quand l'homme a-t-il quitté Manchester?
5. Quelle est la deuxième coïncidence?
6. Quel train l'homme a-t-il pris?
7. Quelle est la troisième coïncidence?

129

Mme Martin:	C'est bien possible, ce n'est pas exclu, c'est plausible et, après tout, pourquoi pas! Mais je n'en ai aucun souvenir, Monsieur!
M. Martin:	J'ai voyagé en deuxième classe, Madame. Il n'y a pas de deuxième classe en Angleterre, mais je voyage 5 quand même en deuxième classe.
Mme Martin:	Comme c'est bizarre, que c'est curieux, et quelle coïncidence bizarre! Moi aussi, Monsieur, j'ai voyagé en deuxième classe!
M. Martin:	Comme c'est curieux! Nous nous sommes peut- 10 être rencontrés en deuxième classe, chère Madame!
Mme Martin:	La chose est bien possible et ce n'est pas du tout exclu. Mais je ne m'en souviens pas très bien, cher Monsieur!
M. Martin:	Ma place était dans le wagon no 8, sixième com- 15 partiment, Madame.
Mme Martin:	Comme c'est curieux! Ma place aussi était dans le wagon no 8, sixième compartiment, cher Monsieur.
M. Martin:	Comme c'est curieux et quelle coïncidence bizarre! Peut-être que nous nous sommes rencontrés dans 20 le sixième compartiment, chère Madame?
Mme Martin:	C'est bien possible, après tout. Mais je ne m'en souviens pas, cher Monsieur!
M. Martin:	À vrai dire, chère Madame, moi non plus je ne m'en souviens pas, mais il est possible, et si j'y pense 25 bien, la chose me semble même très possible!
Mme Martin:	Oh! Vraiment, bien sûr, vraiment, Monsieur!
M. Martin:	Comme c'est curieux! J'avais la place no 3 près de la fenêtre, chère Madame.
Mme Martin:	Oh, mon Dieu, comme c'est curieux et comme 30 c'est bizarre, J'avais la place no 6 près de la fenêtre, en face de vous, cher Monsieur.
M. Martin:	Oh! Mon Dieu, comme c'est curieux et quelle coïncidence! Nous étions donc assis l'un en face de l'autre, chère Madame! C'est là sans doute où 35 nous nous sommes vus!
Mme Martin:	Comme c'est curieux! C'est possible mais je ne m'en souviens pas, Monsieur!

8. En quelle classe l'homme a-t-il voyagé?
9. Dans quel wagon était la place de l'homme? Dans quel compartiment?
10. La femme était-elle dans le même compartiment?
11. Où est-ce que la dame était assise dans le compartiment?

M. Martin:	À vrai dire, chère Madame, moi non plus je ne m'en souviens pas. Cependant nous nous sommes peut-être rencontrés à cette occasion.
Mme Martin:	C'est vrai, mais je n'en suis pas sûre du tout, Monsieur. 5
M. Martin:	Ce n'était pas vous, chère Madame, la dame qui m'avait prié de mettre sa valise dans le filet et qui ensuite m'a remercié et m'a permis de fumer?
Mme Martin:	Mais, si, c'était sans doute moi, Monsieur! Comme c'est curieux, comme c'est curieux, et quelle 10 coïncidence!
M. Martin:	Comme c'est curieux, comme c'est bizarre, quelle coïncidence! Eh bien, alors, alors nous nous sommes peut-être connus à ce moment-là, Madame?
Mme Martin:	Comme c'est curieux et quelle coïncidence! C'est 15 bien possible, cher Monsieur! Cependent, je ne crois pas m'en souvenir.
M. Martin:	Moi non plus, Madame. Depuis que je suis arrivé à Londres, j'habite rue Bromfield, chère Madame.
Mme Martin:	Comme c'est curieux, comme c'est bizarre! Moi 20 aussi, depuis mon arrivée à Londres j'habite rue Bromfield, cher Monsieur.
M. Martin:	Comme c'est curieux, mais alors, mais alors, nous nous sommes peut-être rencontrés rue Bromfield, chère Madame. 25
Mme Martin:	Comme c'est curieux, comme c'est bizarre! C'est bien possible, après tout! Mais je ne m'en souviens pas, cher Monsieur.
M. Martin:	Je demeure au n⁰ 19 chère Madame.
Mme Martin:	Comme c'est curieux, moi, aussi, j'habite au n⁰ 19, 30 cher Monsieur.
M. Martin:	Mais alors, mais alors, mais alors, mais alors, mais alors, nous nous sommes peut-être vus dans cette maison, chère Madame?
Mme Martin:	C'est bien possible, mais je ne m'en souviens pas, 35 cher Monsieur.
M. Martin:	Mon appartement est au cinquième étage, c'est le n⁰ 8, chère Madame.

12. Pour quelle raison la femme a-t-elle remércié l'homme?
13. Quelle rue l'homme habite-t-il à Londres?
14. À quel numéro demeure-t-il? A quel étage?

Mme Martin: Comme c'est curieux, mon Dieu, comme c'est bizarre! Et quelle coïncidence! Moi aussi j'habite au cinquième étage, dans l'appartement nº 8, cher Monsieur.

M. Martin: (pensif) Comme c'est curieux, comme c'est curieux, comme c'est curieux et quelle coïncidence! Vous savez, dans ma chambre à coucher j'ai un lit. Mon lit est couvert d'un édredon vert. Cette chambre, avec ce lit et son édredon vert, se trouve au fond du corridor, entre les water et la bibliothèque, chère Madame.

Mme Martin: Quelle coïncidence, ah mon Dieu, quelle coïncidence! Ma chambre à coucher a, elle aussi, un lit avec un édredon vert et se trouve au fond du corridor, entre les water, cher Monsieur, et la bibliothèque!

M. Martin: Comme c'est bizarre, curieux, étrange! Alors, Madame, nous habitons dans la même chambre et nous dormons dans le même lit, chère Madame. C'est peut-être là que nous nous sommes rencontrés!

Mme Martin: Comme c'est curieux et quelle coïncidence! Nous nous sommes peut-être rencontrés là, c'est bien possible, et peut-être même la nuit dernière. Mais je ne m'en souviens pas cher Monsieur!

M. Martin: J'ai une petite fille, ma petite fille, elle habite avec moi, chère Madame. Elle a deux ans, elle est blonde, elle a un oeil blanc et un oeil rouge, elle est très jolie et s'appelle Alice, chère Madame.

Mme Martin: Quelle bizarre coïncidence! Moi aussi j'ai une petite fille, elle a deux ans, elle est blonde avec un oeil blanc et un oeil rouge. Elle s'appelle aussi Alice, cher Monsieur!

M. Martin: Comme c'est curieux et quelle coïncidence! et bizarre! C'est peut-être la même, chère Madame!

---

15. Qu'est-ce que l'homme a dans sa chambre à coucher?
16. Où se trouve cette chambre?
17. Comment est la chambre de la femme?
18. Où se sont-ils peut-être rencontrés alors?
19. Quel âge a la petite fille de cet homme?
20. Comment s'appelle-t-elle?

Mme Martin:	Comme c'est curieux! C'est bien possible cher Monsieur. (Un assez long moment de silence)
M. Martin:	(se lève lentement et, sans se presser, se dirige vers Mme Martin qui, surprise par l'air sérieux de M. Martin, s'est levée, elle aussi, tout doucement; 5 M. Martin a la même voix rare, monotone, vaguement chantante . .) Alors, chère Madame, je crois qu'il n'y a pas de doute, nous nous sommes déjà vus et vous êtes ma propre épouse . . . Elizabeth, je t'ai retrouvée! 10
Mme Martin:	Donald, c'est toi, darling!

---

21. De quelle couleur sont ses cheveux? ses yeux?
22. Quelle est peut-être l'identité de la femme alors?
23. Combien de coïncidences bizarres y-a-t-il dans cette histoire?

I. Vocabulaire

A.   Partie orale:

1. Répondez aux questions selon l'exemple.

> *De quoi vous souvenez-vous?*   *du train*
> Réponse: *Je me souviens du train.*

a. De quoi se souvient-il?   du compartiment
b. De quoi vous souvenez-vous?   de la chambre
c. De quoi te souviens-tu?   de cette coincidence
d. De quoi vous souvenez-vous?   de votre arrivée
e. De quoi se souvient-elle?   de l'appartement

2. Répondez aux questions en employant *il y a* selon l'exemple.

> *Quand l'avez-vous vu?*   *deux jours*
> Réponse: *Je l'ai vu il y a deux jours.*

a. Quand avez-vous pris le train?   une semaine
b. Quand avez-vous voyagé à Rome?   deux ans
c. Quand les avez-vous rencontrés en ville?   un mois
d. Quand lui avez-vous dit de partir?   une heure
e. Quand êtes-vous arrivé à Paris?   deux mois environ
f. Quand avez-vous trouvé la valise?   dix minutes

B.   Partie écrite: Complétez chaque phrase suivante en ajoutant des mots convenables pour faire une phrase originale.

a. Après un certain temps . . . .
b. Il me semble que . . . .
c. Il y a cinq semaines environ . . . .
d. Depuis mon arrivée à l'école . . . .
e. Je me suis dirigé vers . . . .
f. C'est curieux que . . . .
g. Il n'y a pas de doute . . . .
h. Je suis surpris par . . . .

II. Grammaire

A. Partie orale:

1. Mettez les phrases au passé composé selon l'exemple.

   Je quitte la ville.
   Réponse: *J'ai quitté la ville.*

   a. Elle voit la rue.
   b. J'habite la ville.
   c. Il demeure ici.
   d. Nous dormons
   f. Nous prenons le train.

   f. Vous parlez à Donald.
   g. J'aperçois le wagon.
   h. Ils rencontrent l'homme.
   i. Je retrouve ma femme.
   j. Elle voyage à New York.

   Je me souviens du train.
   Réponse: *Je me suis souvenu du train.*

   a. Je me couche.
   b. Nous nous levons.

   c. Ils se rencontrent.
   d. Vous vous pressez.

2. Reprise. Faites des expressions suivantes selon le modèle suivant. (Rappelez-vous le genre de ces noms et la position des adjectifs.)

   rare — voix
   Réponse: *Quelle voix rare!*

Adjectifs	Noms
a. bizarre	lit, coïncidence, valise, maison, jour
b. curieux	chambre, voix, ville, train, compartiment
c. sérieux	femme, fille, monsieur, garçon, homme

3. Refaites les phrases en employant *ne . . . . aucun(e).*

   J'ai un souvenir de cet incident.
   Réponse: *Je n'ai aucun souvenir de cet incident.*

   a. J'ai un lit.
   b. Je vois un train
   c. Il a un défaut.

   d. Je prends une valise.
   e. Il reconnaît un homme.
   f. Il entend un bruit.

135

B. Partie écrite:

1. Refaites les phrases en remplaçant les mots soulignés par l'adverbe *y*.

   Je vais à Philadelphie.
   Réponse: *J'y vais.*

   a. Il a pris le train à New York.
   b. Nous arrivons en ville à huit heures.
   c. J'ai rencontré l'homme dans le train.
   d. Elle avait la place en face de vous.
   e. Nous avons vu le journal près de la fenetre.
   f. J'ai trouvé l'appartement au fond du corridor.

2. Transformez les phrases en employant l'adjectif interrogatif (*Quel* etc.) selon l'exemple. (Faites attention à l'accord du participe passé s'il y a un objet direct qui le précède.)

   Il a quitté la ville.
   Réponse: *Quelle ville a-t-il quittée?*

   a. J'ai pris le train.   d. Vous avez remarqué les femmes.
   b. Vous avez vu la place   e. Nous avons rencontré les hommes.
   c. Il a pris ses valises.   f. Elles ont habité cette maison.

III. Composition

*A. Préparez un exercice comme celui à la page 121 qui demande aux étudiants de poser des questions à un(e) camarade.

B. Racontez une coïncidence bizarre qui vous est arrivé une fois.

IV. Pour stimuler une discussion

Répondez aux questions suivantes.

1. Est-ce que votre professeur se trompe souvent?
2. D'où êtes-vous originaire?

3. Avez-vous jamais pris le train pour faire un long voyage?
4. Quel est le premier souvenir de votre enfance?
5. Décrivez l'intérieur de votre maison.
6. Décrivez votre chambre chez vous.

LA DERNIÈRE CLASSE*
(Un épisode de la guerre Franco-Prussienne)

D'après Alphonse Daudet

un abécédaire	spelling book	la malle	trunk
achever	to finish	manquer	to skip, miss
appuyer	to lean	une merle	blackbird
au fond de	in the back of	le nid	nest
se boucher	to stop up	notre bonne	
la chaire	dais, pulpit	part	our fair share
le congé	vacation	pareil	identical
coupable	guilty	le pré	meadow
s'embrouiller	to be mixed up	la redingote	waist coat
enjamber	to straddle	du reste	moreover
épeler	to spell	la scierie	sawmill
un esclave	slave	solennel	somber
essoufflé	panting	le tapage	noise, racket
étouffer	to stifle	tout à l'heure	just a short while
se gêner	to feel em-	encore	ago
	barrassed	le tricorne	3 cornered hat
glisser	to slide	la truite	trout
gronder	to scold	une usine	factory
la mairie	city hall		

Ce matin-là j'étais très en retard pour aller à l'école et j'avais grand peur que M. Hamel, notre professeur, allait me gronder* parce que je ne savais pas la leçon sur les participes qu'il nous a donnée. Pour un instant j'ai eu l'idée de manquer* la classe et de courir à travers les champs. 5

Le temps était si chaud, si clair!

On entendait les merles siffler dans les bois et dans le pré derrière la scierie,* les Prussiens qui faisaient l'exercice. Mais j'ai

*Pour changer un peu la méthode de répondre aux questions tirées de ce texte, un étudiant jouera le rôle du petit Frantz et posera ses questions aux autres étudiants.

QUESTIONNAIRE

1. Pour quelle raison est-ce que j'étais en retard ce matin-là?
2. De quoi est-ce que j'avais grand peur? Pourquoi?
3. Quelle idée est-ce que j'ai eue?
4. Quel temps faisait-il?
5. Que faisaient les Prussiens? Où?

eu la force de résister, et je me suis dépêché vers l'école.

En passant devant la mairie* j'ai remarqué beaucoup de monde arrêté devant les affiches au mur de ce même bâtiment. C'était là où nous avons lu toutes les mauvaises nouvelles, les batailles perdues, les ordres des officiers et j'ai pensé sans m'arrêter: 5

« Qu'est-ce qu'il y a encore? »

Ensuite je suis entré tout essoufflé* dans la petite cour de M. Hamel.

D'ordinaire, au commencement de la classe, il y avait un grand tapage* qu'on entendait jusque dans la rue, car normalement les 10 élèves ouvraient et fermaient leurs pupitres et répétaient tous ensemble leurs leçons tout haut en se bouchant* les oreilles pour mieux apprendre; en même temps on entendait la grosse règle du maître qui tapait sur les tables:

Un peu de silence! 15

Je comptais sur tout ce bruit pour gagner mon banc sans être vu: mais justement ce jour-là tout était tranquille, comme un matin de dimanche. Par la fenêtre ouverte je voyais mes camarades déjà rangés à leurs places, et M. Hamel qui passait et repassait avec la terrible règle en fer sous le bras. J'ai été obligé d'ouvrir la porte et 20 entrer dans ce grand calme. Vous pensez si j'étais rouge et si j'avais peur.

Mais M. Hamel m'a regardé sans colère et m'a dit doucement:

« Va vite à ta place, mon petit Frantz; nous allions commencer sans toi. » 25

J'ai enjambé* le banc et je me suis assis tout de suite à mon pupitre. Avec plus de calme j'ai remarqué que notre maître avait sa belle redingote* verte qu'il ne portait que les jours de l'inspection ou de distribution des prix. Du reste,* toute la classe avait quelque chose d'extraordinaire et de solennel.* Ce qui m'a frappé le plus 30 c'était de voir, au fond de* la classe, sur les bancs qui restaient vides d'habitude, des gens du village assis et silencieux comme nous,

---

6. À quelle tentation est-ce que j'ai résisté?
7. Qu'est-ce que j'ai remarqué devant la mairie?
8. Comment est-ce que je suis entré dans la cour?
9. D'ordinaire qu'est-ce qui se passait au commencement de la classe?
10. Est-ce que tout était pareil ce jour-là?
11. Qu'est-ce que je voyais par la fenêtre ouverte?
12. Qu'est-ce que j'ai été obligé de faire?
13. Quelle réaction avait Monsieur Hamel à mon entrée?
14. Quelle atmosphère régnait dans la classe?
15. Qui se trouvait au fond de la classe?

le vieux Hauser, notre maire, avec son tricorne,* l'ancien maire, l'ancien facteur, et d'autres personnes encore. Tout ce monde-là paraissait triste; et Hauser avait avec lui un vieil abécédaire* qu'il tenait sur ses genoux, avec ses grosses lunettes posées en travers les pages.

Pendant que je m'étonnais de cela M. Hamel est monté dans sa chaire,* et de la même voix douce et grave, il nous a dit:

«Mes enfants, c'est la dernière fois que je vous fais la classe. L'ordre est venu de Berlin que nous ne pouvons plus enseigner que l'allemand dans les écoles de l'Alsace et de la Lorraine. Le nouveau maître arrive demain. Aujourd'hui c'est votre dernière leçon de français et je vous prie d'être attentifs.»

Ma dernière leçon de français!. . . .

5

10

---

16. Qu'est-ce que M. Hamel nous a annoncé?

Et moi qui savais à peine écrire! Je n'allais plus rien apprendre.
Comme je regrettais maintenant le temps perdu, les classes man-
quées à courir les nids* des oiseaux ou à glisser sur le Saar! Mes
livres que tout à l'heure encore* je trouvais si lourds à porter
me semblaient à présent comme de vieux amis que j'allais avoir   5
beaucoup de peine à quitter. C'est comme M. Hamel. L'idée qu'il
allait partir me faisit oublier les punitions, les coups de règle.

Pauvre homme!

C'est en honneur de cette dernière classe qu'il portait ses beaux
habits de dimanche et maintenant je comprenais pourquoi ces   10
vieux du village étaient assis au bout de la salle. Ils semblaient
regretter de ne pas y être venus plus souvent à cette école. C'était
aussi comme une façon de remercier notre maître de ses quarante
ans de bons services et de rendre leurs devoirs à la patrie qui s'en
allait.   15
J'étais à ce point de mes réfléxions, quand M. Hamel a appelé
mon nom. C'était mon tour de réciter. Je voulais tellement dire
tout au long cette fameuse règle des participes, bien haut, bien
clair, sans une faute mais je me suis embrouillé* aux premiers mots
et je suis resté debout, le coeur gros, sans oser lever la tête. J'en- 20
tendais M. Hamel qui me parlait:

« Je ne te gronderai pas, mon petit Frantz, tu dois être assez
puni . . . Tous les jours on se dit: Bah! j'ai bien le temps.
J'apprendrai demain. Et puis tu vois ce qui arrive . . . Ah! ç'a
été le grand malheur de notre Alsace de toujours remettre son   25
instruction à demain. Maintenant ces gens-là peuvent nous dire:
Comment! Vous prétendiez être Français, et vous ne savez ni
parler ni écrire votre langue! . . . Dans tout ça, mon pauvre Frantz,
ce n'est pas encore toi le plus coupable. Nous avons tous notre
bonne part* de reproches à nous faire.   30

« Vos parents n'ont pas eu assez de soin de votre instruction. Ils
aimaient mieux vous envoyer travailler à la terre ou aux usines*
pour gagner plus d'argent. Moi-même, j'ai quelque chose à me

---

17.   Qu'est-ce que je regrettais?
18.   Qu'est-ce que j'ai regardé soudain comme de vieux amis?
19.   Pourquoi M. Hamel portait-il ses beaux habits?
20.   Pourquoi m'a-t-il appelé?
21.   Quelle était ma réaction?
22.   Selon M. Hamel, quel était le grand malheur d'Alsace? Qui était le coupable?
23.   Qu'est-ce que nos parents aimaient mieux faire?

reprocher! Est-ce que je ne vous ai pas souvent fait arroser mon
jardin au lieu de travailler? Et quand je voulais aller pêcher des
truites,* est-ce que je me gênais* pour vous donner congé! *. . . .≫

Alors d'une chose à l'autre, Mr. Hamel a commencé à nous
parler de la langue française, disant que c'était la plus belle langue   5
du monde, la plus claire, la plus solide: que nous devions la
garder entre nous et ne jamais l'oublier, parce que quand un peuple
tombe esclave,* s'il tient bien sa langue, c'est comme s'il tenait
la clef de sa prison . . . Puis il a pris une grammaire et nous a lu
notre leçon. J'étais étonné de voir comme je comprenais. Tout   10
ce qu'il me disait me semblait facile, facile. Je n'ai jamais si bien
écouté une leçon et Monsieur Hamel n'a jamais mis autant de
patience à ses explications. Avant de s'en aller, le pauvre homme
voulait nous donner tout son savoir, nous le faire entrer dans la
tête d'un seul coup.   15

De temps en temps, quand je levais les yeux de dessus ma page,
je voyais M. Hamel immobile dans sa chaire et fixant les objets
autour de lui, comme s'il voulait emporter dans son regard toute
sa petite maison d'école . . . Pensez! Depuis quarante ans, il
était là à la même place, avec sa cour en face de lui et sa classe   20
toute pareille.* Quelle tristesse ça devait être pour ce pauvre
homme de quitter toutes ces choses, et d'entendre sa soeur qui
allait, venait, dans la chambre au-dessus, en train de fermer leurs
malles! * Car ils devaient partir le lendemain, quitter le pays pour
toujours.
     25
Malgré tout il a eu le courage de nous faire la classe jusqu'au
bout. Après l'écriture, nous avons eu la leçon d'histoire: ensuite
les petits ont chanté tous ensemble le BA BE BI BO BU. Là-bas
au fond de la salle, le vieux Hauser portait ses lunettes et, tenant
son abécédaire à deux mains, il épelait* les lettres avec eux. On   30
voyait qu'il donnait un grand effort, lui aussi; sa voix tremblait

---

24. De quoi Mr. Hamel s'est-il reproché?
25. Quelle opinion M. Hamel avait-il de la langue française?
26. Qu'est-ce qu'il a pris ensuite?
27. De quoi est-ce que j'étais étonné?
28. Que faisait M. Hamel pendant la récitation de la grammaire?
29. Pendant combien de temps est-ce que M. Hamel restait à sa place?
30. Qu'est-ce qu'on pouvait entendre de la chambre au-dessus?
31. Quelle leçon avons-nous eue après l'écriture? Et ensuite?

d'émotion, et c'était si drôle de l'entendre, que nous avions tous
l'envie de rire et de pleurer. Ah! Je me souviendrai de cette
dernière classe . . .

Tout à coup l'horloge de l'église a sonné midi, puis l'Angélus.
Au même moment, les trompettes des Prussiens qui revenaient de   5
l'exercice ont éclaté sous nos fenêtres . . . M. Hamel s'est levé, tout
pâle, dans sa chaire. Il semblait si grand: «Mes amis, dit-il, mes
amis, je . . . je . . . » Mais quelque chose l'étouffait.* Il ne pouvait
pas achever* sa phrase.

Alors il s'est tourné vers le tableau, a pris un morceau de craie,   10
et en appuyant* de toutes ses forces, il a écrit
"VIVE LA FRANCE! "
Puis il est resté là, la tête appuyée au mur, et, sans parler, avec
sa main il nous faisait signe:
«C'est fini . . . allez-vous-en.»   15

---

32.   Quelle heure a sonné?
33.   Quel son a éclaté au même instant?
34.   Qu'est-ce que M. Hamel a fait en entendant ceci?
35.   Décrivez la façon dans laquelle il a écrit au tableau.
36.   Enfin, comment a-t-il terminé la classe?

EXERCICES

I. Vocabulaire

A. Partie orale: Reprises; Répondez aux questions en employant l'exemple suivant.

> *Quelle idée a-t-il eue?* *de gronder l'étudiant*
>
> Réponse: *Il a eu l'idée de gronder l'étudiant.*

Quelle idée a-t-il eue?

a. de manquer la classe
b. d'entrer dans la cour
c. de taper sur la table

d. d'écrire une lettre
e. de travailler à la terre
f. de faire la classe

> *De quoi étiez-vous obligé?* *de fermer le pupitre.*
>
> Réponse: *J'étais obligé de fermer le pupitre.*

De quoi étiez-vous obligé?

a. d'enjamber le banc
b. de me lever
c. de monter à la chaire

d. de partir de l'école
e. de remercier le maître
f. d'écouter le professeur

> *Vers quoi s'est-il tourné?* *vers le tableau*
>
> Réponse: *Il s'est tourné vers le tableau.*

Vers quoi s'est-il tourné?

a. vers l'horloge
b. vers la mairie

c. vers le mur
d. vers la classe

e. vers le jardin
f. vers le prison

B. Partie écrite:

1. Trouvez dans le texte un synonyme pour les mots suivants.

le début   préférer   partir de   la consigne   les vêtements
calme   aussitôt   la pensée   d'habitude   se rappeler
la forêt   vouloir   regarder   le malheur   immédiatement

2. Complétez chaque phrase suivante en ajoutant des mots convenables pour faire une phrase originale.

a. C'était si drôle de . . . .
b. D'ordinaire, au commencement de la classe . . . .
c. C'était la dernière fois que je . . . .
d. Comme je regrette maintenant . . . .
e. C'était mon tour de . . . .
f. J'ai quelque chose . . . .
g. Malgré tout il a eu le courage de . . . .
h. Ce qui m'a frappé le plus c'était de . . . .

II. Grammaire

A. Partie orale: Reprises.

1. Faites des phrases en employant le pronom relatif *qui* selon l'exemple.

> *C'est M. Hamel. Il fait la classe.*
> Réponse: *C'est M. Hamel qui fait la classe.*

a. C'était le maire. Il arrivait en retard.
b. Nous regardons vos affiches. Elles sont accrochées au mur.
c. Je remarque l'homme. Il regarde les merles.
d. J'ai pris ma grammaire. Elle était sur le pupitre.
e. Il a vu les Prussiens. Ils passaient dans la rue.
f. Le maître grondera les enfants. Ils seront à l'école.
g. Nous regardions le maître. Il était immobile sur la chaire.

2. Faites des phrases en employant le pronom relatif *que* selon l'exemple.

> *Voici la revue. Je l'ai lue.*
> Réponse: *Voici la revue que j'ai lue.*

a. Où est l'horloge? Je l'entends.
b. Il a pris la grammaire. Je la lisais.
c. Ce sont les règles de grammaire. Je les apprendrai demain.

d. Avez-vous la redingote? Il l'a portée hier soir.

e. Voilà les leçons. Le maître les a écrites au tableau.

f. J'oublie les punitions. Le professeur me les a données.

B.   Partie écrite:

1.   Faites une phrase à la première personne singulière en
     employant *ne . . . ni . . . ni . . .* selon les exemples.

(avec un nom)
voir des garçons — des jeune filles.

Réponse: *Je ne vois ni garçons ni jeune filles.*

(avec un infinitif)
pouvoir   les voir — les entendre

Réponse: *Je ne peux ni les voir ni les entendre.*

a. savoir   lire — épeler
b. avoir   le crayon — la craie
c. remarquer   les élèves — le professeur
d. oublier   des règles — des punitions
e. vouloir   aller à l'école — rentrer chez moi
f. aimer   regarder la télévision — écouter la radio

2.   Récrivez les quatre premiers paragraphes de cette his-
     toire en mettant les verbes au temps présent.

III. Composition

A.   Écrivez une composition sur votre première journée à l'école.

B.   Imaginez que votre dernière classe d'anglais aura lieu demain.
     Dans une lettre à votre professeur, vous lui direz ce que vous
     désirez apprendre pendant cette classe.

IV. Projet de classe

Demandez à chaque élève de faire la classe de français pendant
dix ou quinze minutes. Chacun doit préparer un plan en avance.

146

Le jeu de catégories

Vous avez cinq minutes pour compléter le graphique ci-dessus en employant des mots français qui commencent avec les lettres P, L, A, C, et E dans les catégories données à gauches.

Catégories	P	L	A	C	E
Adjectifs					
Prépositions					
Adverbes					
Noms					
Une autre partie du discours					

LES JEUX DE MOTS

I.   Formez des mots qui signifient:

1. à présent . . . .
2. mois . . . .
3. direction . . . .
4. 5 x 6 . . . .
5. ville . . . .
6. animal . . . .
7. pays . . . .
8. partie du visage . . . .
9. fameux . . . .

Les premières lettres des mots trouvés désignent un sommet des Alpes.

II.   Formez des mots qui signifient:

1. vous et moi . . . .
2. partie du visage . . . .
3. partie de la maison . . . .
4. maladie . . . .
5. pays . . . .
6. jour . . . .
7. hôtel . . . .
8. ville . . . .
9. pénétrer . . . .

Les premières lettres des mots trouvés désignent un monument de Paris.

III. Formez des mots qui signifient:

1. animal . . . .
2. légume . . . .
3. monument de Paris . . . .
4. fixer . . . .
5. ville française . . . .
6. se marier avec . . . .
7. nom féminin . . . .
8. vieux . . . .
9. partie du corps . . . .
10. numéro . . . .
11. cathédrale . . . .

Les premières lettres des mots trouvés désignent un Français fameux.

LA LÉGENDE DU PÈRE RECOLLET

D.après J.-C. Taché

un abri	shelter	le gaillard	fellow
le bateau plat	punt	la griffe	claw
le bateau à voiles	sailboat	la gueule	jowl
le bord	edge	le loup-garou	werewolf
la cendre	ash	le meutrier	murder
le coude	elbow	mordre	to bite
le coureur des bois	trapper	mouiller	to dampen
la cuisse	thigh	se noyer	to drown
darder	to hurl	oser	to dare
dégoûter	to drip	la pince	claw
une écorce	bark	la prédication	preaching
effrayer	to frighten	le récollet	friar
épouvantable	terrible	le rivage	shore
la fourrure	fur	se sécher	to dry oneself
furibonde	furious, raging	à tour de rôle	in turn
		traîner	to drag

❧❧❧❧

Au seizième et dix-septième siècles, la province de Québec n'était qu'une forêt immense habitée par des Indiens et des animaux sauvages. Les coureurs des bois* français ont pénétré dans l'intérieur, où comme on l'appelait « les pays d'en haut,» pour attraper les fourrures.* Il n'y avait sur les fleuves que des   5 bateaux plats* et des canots qui voyageaient entre Québec et Montréal et l'intérieur. Souvent les bateaux à voiles* mettaient deux semaines, quelquefois trois, à monter de Québec à Montréal. Les voyages à l'intérieur duraient environ trois mois sans interruption. Les canots d'écorce* légère faisaient le voyage plus   10 rapidement.

    C'était la coutume des voyageurs, en arrivant aux environs de

---

QUESTIONNAIRE

1. Qui habitait le Québec au seizième siècle?
2. Pourquoi les coureurs de bois ont-ils pénétré dans l'intérieur?
3. Combien de temps les bâteaux à voiles mettaient-ils à remonter de Québec a Montréal? dans l'intérieur?

149

la grande rivière des Outaouais, où cessaient les établissements, de profiter d'un repas. On allait tous les soirs, à tour de rôle,* aux maisons d'habitants voisins de l'endroit où l'on s'arrêtait. On y buvait de la bière. On y chantait des chansons. On y dansait quelquefois. Quand il commençait à se faire un peu tard, on allait 5 rejoindre ses compagnons laissés à la garde des canots et ses marchandises. Puis s'il faisait beau temps, on s'étendait sur le rivage* à la belle étoile autour d'un bon feu. Quand il faisait mauvais temps, on dormait du mieux possible à l'abri* des canots mis sur le côté. On dormait ainsi jusqu'à deux heures du matin, temps du 10 réveil et de commencer les préparatifs chaque jour du voyage. Le soir, pour passer le temps, on racontait des histoires en fumant autour du feu. Voici une de ces histoires du vieux Canada.

---

4. Que faisaient les voyageurs en arrivant aux environs où cessaient les établissements?
5. Où allait-on quand il se faisait un peu tard?
6. Qu'est-ce qu'on faisait par beau temps? par mauvais temps?
7. À quelle heure commençait-on les préparatifs du voyage?
8. Qu'est-ce qu'on faisait le soir?

Vous savez que sur la rivière des Prairies il y a un rapide qu'on appelle le Saut-au-Récollet.* On lui a donné ce nom parce qu'un récollet missionnaire s'est noyé* dans le rapide en 1625. Le missionnaire descendait de chez les Hurons avec les Sauvages. Parmi les Hurons il y avait un vilain gars qui s'opposait à la prédication* de l'Evangile au coeur de sa nation. Mais, il avait eu le soin de cacher ses projets. Choisissant un moment favorable à l'accomplissement de ses dessins, le monstre, vrai fils de Satan, a noyé le missionnaire dans le rapide. On n'a jamais pu savoir au juste de quelle manière il l'avait fait. Mais voici un incident qui s'est passé quelques années plus tard.

Un canot, monté par des voyageurs, descendait la rivière des Prairies. Le soir, on a campé au pied du rapide. Il faisait noir comme chez le loup. En se promenant autour du campement, les hommes ont vu la lumière d'un feu sur la pointe voisine, pas trop loin de leur canot. —Tiens, se sont-ils dit, il y a des voyageurs arrêtés là, comme nous ici. Allons les voir.

Trois hommes de la troupe sont partis pour aller à la pointe en question où ils sont arrivés bientôt, guidés par la lumière du feu. Il n'y avait là ni canot, ni voyageurs, mais il y avait réellement un feu, et, auprès du feu, un Sauvage assis par terre, les coudes* sur les cuisses* et la tête dans les mains.

Le Sauvage n'a pas bougé à leur arrivée. Nos gens ont regardé avec de grands yeux ce singulier personnage. Comme ils se sont approchés pour le considérer de plus près, ils ont vu que ses cheveux et ses membres dégouttaient* d'eau.

Ils étaient étonnés de ce Sauvage immobile. On s'approchait de lui, mais il ne bougeait pas. Les hommes se sont approchés encore, en l'appelant. Mais le Sauvage demeurait dans la même position et n'a pas répondu. Alors, ils l'ont examiné avec plus d'attention. Ils l'ont touché presque. Mais, à la lumière du feu, ils ont vu avec un redoublement de surprise que cette eau qui

(lignes repères : 5, 10, 15, 20, 25, 30)

---

9. Comment s'appelle le rapide en question?
10. Comment le rapide a-t-il reçu son nom?
11. A quoi le vilain gars s'opposait-il?
12. Comment a-t-il noyé le missionnaire?
13. Où les voyageurs ont-ils campé?
14. Qu'est-ce qu'ils ont vu sur la pointe voisine?
15. Qui est parti pour y aller?
16. Qu'est-ce qu'ils y ont trouvé?
17. De quoi étaient-ils étonnés?

dégouttait sans cesse du sauvage ne mouillait* pas le sable et
ne donnait pas de vapeur. Les trois gaillards* n'étaient pas
faciles à effrayer* mais ils pouvaient à peine en croire leurs yeux.
Ils ont pris le temps de se bien convaincre qu'ils voyaient vraiment une telle scène, mais ils n'osaient* pas toucher au sauvage.   5

En passant et repassant autour du feu, ils ont remarqué encore
que cette flamme ne donnait point de chaleur. Ils ont jeté une
écorce dans le brasier, et l'écorce demeurait intact.

Quand ils allaient se retirer, l'un d'eux a dit aux autres:
« Si nous racontons une telle histoire à nos compagnons, ils vont   10
se moquer de nous et dire que nous avons eu peur.» Or, passer
pour timide parmi les voyageurs, c'est la dernière disgrâce.

Parce qu'il fallait raconter cette aventure, ils se sont décidés à
emporter une des cendres* ardentes de ce feu diabolique, qui
donnait flamme et lumière mais qui ne brûlait pas, pour offrir   15
à leurs camarades une preuve de la vérité de leur récit.

Vous pouvez imaginer la surprise des voyageurs à ce récit
extraordinaire. Tous ont examiné cette cendre. Il l'ont passée
de main en main. Alors, en mettant les doigts sur la partie en
apparence encore ardente, ils ont entendu un bruit épouvantable. 20
Au même instant, un énorme chat noir a fait, d'une course furi-
bonde* deux ou trois fois, le tour du groupe des voyageurs en
poussant des miaulements effroyables. Puis il a sauté sur leur
canot renversé sur ses pinces* et il a commencé à en mordre*
le bord* avec rage et à déchirer l'écorce avec ses griffes.*   25

—Il va mettre notre canot en pièces, dit le guide à l'homme
qui tenait le morceau de bois en ce moment, jette-lui la cendre!

L'homme a lancé au loin la cendre. Le chat noir s'est précipité dessus, l'a saisi dans sa gueule,* a dardé* des regards de
feu vers les voyageurs et tout a disparu.   30

---

18. Qu'est-ce qui les a surpris le plus?
19. Quelle était la réaction des gaillards à ceci?
20. Qu'est-ce qu'ils ont remarqué en repassant autour du feu?
21. Qu'est-ce qu'ils ont jeté dans le brasier?
22. Qu'est-ce qu'ils ont décidé de faire ensuite?
23. Qu'est-ce que les autres voyageurs ont fait à la fin de ce récit de leurs
    compagnons?
24. Qu'est-ce qu'ils ont entendu soudain?
25. Qu'est-ce qui s'est passé au même instant?
26. Qu'est-ce que le chat a fait?
27. Quelle était la réaction des voyageurs?
28. Qu'est-ce que le chat a fait quand l'homme a lancé au loin la cendre?

On a revu ce Sauvage plusieurs fois depuis cette première
apparition, tantôt d'un coté tantôt de l'autre du Saut-au-Récollet,
quelquefois sur les îles voisines. On dit que c'est le meurtrier*
du père récollet. On suppose que le diable a saisi le meutrier au
moment où il se séchait* après avoir traîné* dans l'eau le pauvre 5
missionnaire. Et on dit aussi que c'était le diable qui a changé le
Sauvage en loup-garou.*

———————

29.   Qu'est-ce qu'on a revu plusieurs fois depuis cette première apparition?
30.   Qu'est-ce qu'on suppose?
31.   Qu'est-ce qu'on dit aussi?

EXERCICES

I. Vocabulaire

A. Partie orale:

1. Faites des phrases en employant *tantôt . . . tantôt* avec les mots indiqués.

	Il faisait le voyage. rapidement — lentement.
Réponse:	*Il faisait le voyage tantôt rapidement, tantôt lentement.*

a. Il faisait.   beau — mauvais
b. Il arrivait.   le jour — la nuit
c. Ils se portent.   bien — mal
d. Je le voyais.   à l'abri — en soleil
e. Ce sont les Indiens.   sauvages — civilisés
f. C'est un gaillard.   timide — brave
g. Il a donné des réponses. vraies — fausses
h. Il a revu le sauvage.   d'un côté — de l'autre

2. Demandez à quelqu'un dans la classe d'agir selon ces commandes.

	danser un peu
Réponse:	*Dansez un peu.*

a. cacher votre livre
b. se promener autour de la salle
c. regarder le professeur avec de grands yeux
d. toucher au professeur
e. lancer au loin son livre
f. sauter sur le pupitre
g. jeter son crayon au professeur
h. darder des regards de feu à la classe
i. déchirer un papier

B. Partie écrite:

1. Trouvez dans le texte un synonyme pour les mots
    suivants.

le feu	unique	l'instant	l'habitude	grand
voir	surpris	le fleuve	le camarade	méchant
le bord	lancer	le groupe	s'arrêter	le diable
gagner	comment	se lancer	l'assassin	le projet

2. Complétez chaque phrase suivante en ajoutant des mots
    convenables pour faire une phrase originale.

a. Quand il commence à se faire tard, je . . . .

b. Le soir, pour passer le temps, je . . . .

c. J'ai eu le soin de . . . .

d. Choisissant un moment favorable, je . . . .

e. J'ai examiné avec plus d'attention . . . .

f. À la lumière du feu, je . . . .

g. Je pouvais à peine . . . .

h. J'ai pris le temps de . . . .

i. Je n'osais pas . . . .

j. . . . . parmi mes amis, c'est la dernière disgrâce.

II. Grammaire

A. Partie orale:

1. Refaites ces phrases en employant le pronom objet
    direct.

    Allons voir les Indiens.

    Réponse: *Allons les voir.*

a. Commencez à faire le feu.

b. Il n'osait pas regarder le sauvage.

c. Ils se sont décidés à emporter les cendres.

d. Il est en train d'attraper les fourrures.

e. Vous savez cacher vos projets.

f. Il lui ont demandé de raconter l'histoire.
g. Il y est allé pour jeter l'écorce dans le feu.
h. Le sauvage n'a pas cessé de fixer le feu.

2. Refaites les phrases en employant *en* pour les mots soulignés.

> *J'ai beaucoup de canots.*
> Réponse: *J'en ai beaucoup.*

a. L'homme tenait un morceau de bois.
b. Il revient de l'intérieur.
c. Le missionnaire descendait de Montréal.
d. Ils étaient étonnés de ce sauvage immobile.
e. J'ai peur du grand chat.
f. On buvait de la bière au campement.
g. Il y a cinq canots.
h. Les Indiens ont bu beaucoup de lumières.

3. Changez les phrases en employant *en* et un participe présent selon l'exemple.

> *Ils ont remarqué la flamme. (passer autour du feu)*
> Réponse: *En passant autour du feu, ils ont remarqué la flamme.*

a. J'ai vu des Sauvages. (faire le voyage)
b. On buvait de la bière. (danser)
c. Le feu ne donne pas de chaleur. (brûler)
d. On racontait des histoires.   (fumer autour du feu)
e. Il a dardé des regards de feu. (pousser des miaulements)
f. Il a regardé le chat. (tenir le morceau de bois)
g. Nous avons écouté les bruits. (aller en ville)

B.   Partie écrite:

1. Refaites les phrases au passé composé, puis à l'imparfait selon l'exemple.

> *Il arrive tôt.*
> Réponse: *Il est arrivé tôt. Il arrivait tôt.*

a. Je sais l'histoire
b. Nous voyons le chat.
c. Il boit de la bière.
d. Il y a un feu.
e. Ils font le voyage.

f. Elle voit la troupe.
g. On descend la rivière.
h. Je pars du campement.
i. Vous dormez dans la forêt.
j. Il choisit le moment.

2. Faites des phrases en employant l'expression adverbiale *à peine* selon l'exemple.

> *pouvoir croire leurs yeux   (ils)*
> Réponse: *Ils pouvaient à peine croire leurs yeux.*

a. vouloir voir les sauvages   (je)
b. oser toucher au chat   (nous)
c. savoir raconter une telle histoire   (il)
d. vouloir entendre les bruits   (ils)
e. pouvoir tenir la cendre   (je)
f. aimer examiner l'écorce   (vous)

III. Composition

*A.   Préparez un exercice qui demande aux étudiants de poser des questions en employant *qui* ou *que*.

B.   Écrivez un précis de cette histoire dans un ou deux paragraphes.

IV. Projet de classe

Dessinez une carte du Canada sur laquelle vous indiquerez des petites villes, des rapides, des baies et des fleuves qui suggèrent des histoires ou des légendes intéressantes à cause de leurs noms bizarres.

V. Pour le caricaturiste

Dessinez une grande plante à trois branches. La première branche tient un couteau; la deuxième, une fourchette. La troisième, qui est la plus longue, porte une fleur qui ressemble à une bouche ouverte de laquelle sort une langue menaçante. Il y a devant cette plante effrayante un homme qui la fixe avec terreur. Un écriteau, qui s'appuye contre le pot, porte l'inscription "Plante Carnivore."

VI.   Pour stimuler une discussion

Répondez aux questions suivantes.
1. Quelle est la capitale du Canada?   Quelles sont les villes françaises les plus importantes de ce pays?
2. Avez-vous jamais voyagé en canot?
3. Avez-vous jamais campé dans une forêt?
4. Quelles sortes d'histoires aimez-vous raconter en vous asseyant auprès d'un feu?
5. Croyez-vous à l'existence des loups-garous?

À LA SAINTE-CATHERINE

D'après Charles-M Ducharme

une attente	expectation	le malin	malicious person
le berceau	arbor	la marguerite	daisy
le bouton d'or	buttercup	nulle part	no where
le brasier	furnace	parcourir	to run through
la colonne	pillar	le parti de tire	taffy pull
une enclume	anvil	pourprée	purple
un enfer	hell	la poutre	beam
entraîner	to drag along	rajeunir	to appear younger
exaucer	to grant	renouveler	to renew
la fée	fairy	répandre	to spread out
flamber	to flame	roux	reddish
hocher	to shake	se signer	to cross oneself
hors d'atteinte	out of reach	velu	hairy, shaggy
le lis	lily	la voûte	arch, vault

≈·≈·≈·≈

Colette ne voulait point coiffer Sainte Catherine.†

On le savait depuis longtemps au village des Rassis. Chaque
année, les malins* qui la voyaient toujours sans amoureux allaient
lui présenter leurs plus sincères condoléances. Ils se préparaient
encore le 25 novembre en 187... à recommencer leur refrain   5
malicieux sous sa fenêtre quand une nouvelle incroyable, stupé-
fiante, a parcouru* tout le village.

«Colette a avoué que c'était sa dernière Sainte-Catherine. Nous
verrons son futur mari avant la fin de la journée.»

On peut imaginer comme tout le monde discutait de cette nou- 10
velle. Colette allait-elle se marier?   D'où venait ce nouveau?
Était-il blond, châtain, brun ou roux?   Avait-il un air gauche ou
gracieux?   Était-il riche?   Depuis combien de temps gardait-elle
son secret?

QUESTIONNAIRE

1. Qu'est-ce que Colette ne voulait point faire?
2. Que faisaient les malins chaque année?
3. Quelle nouvelle a parcouru le village le 25 novembre?
4. Quelles questions est-ce que tout le monde a posées?

† Coiffer sainte Catherine — se dit d'une jeune fille qui ne
trouve pas à se marier, avant ses vingt-cinq ans.

À peine midi sonnait-il au clocher, qu'une nouvelle surprise s'est produite. On a vu alors un commissionaire s'arrêter de porte en porte, et déposer dans toute les maisons du village des cartes d'invitation pour un parti de tire* chez . . . incroyable, mais vrai . . . chez Colette. 5

Encore tout le monde discutait de la nouvelle. Comment pouvait-elle inviter tant de gens dans sa vieille demeure? N'était-elle pas trop petite et trop misérable pour un festin? Où mettra-t-elle tout le monde? On voulait immédiatement avoir la clef de toutes ces énigmes. 10

Enfin, le soir est arrivé. Tout le monde s'est présenté chez Colette. Là, une nouvelle surprise. Si l'extérieur de sa maison était la même, à l'intérieur il y avait une transformation grandiose. Disparues les vieilles poutres* usées. À leur place, des colonnes* de marbre, décorées des roses les plus fraîches et les 15

---

5. Qu'est-ce qui s'est passé à midi?
6. Quelle était la réaction des villageois?
7. Le soir quelle surprise s'est présentée?

160

plus odorantes. Et ces colonnes soutenaient une voûte* teinte
d'azur, ornée de marguerites* et de boutons d'or.* Des bouquets
de fleurs rares, dispersés çà et là dans ce nouvel intérieur répan-
daient* dans cette grande pièce les parfums les plus suaves et les
plus aromatiques.   5

Mais c'était Colette elle-même qui a présenté aux invités la
surprise la plus étonnante. Elle était rajeunie,* belle, grâcieuse
comme une fée,* la peau douce et blanche comme un lis.* On
ne pouvait guère la reconnaître.

Il n'y avait plus moyen d'en douter, l'amant de Colette devait   10
être un grand prince, un prince riche et puissant, mais on ne le
voyait nulle part! * Où était-il donc? Se cachait-il derrière ces
riches drapeaux qui masquaient les fenêtres et les portes? Se
conservait-il pour la fin de la soirée, pour créer une sensation?

Tout semblait l'indiquer. En attendant, tout le monde bavardait 15
sur ces merveilles. Les jeune filles étaient jalouses de la grâce de
Colette. Elles avaient envie d'être belle comme elle, une minute
seulement . . . une seconde. Quant aux anciens, ils hochaient* la
tête, en se disant que tout ce qu'ils voyaient n'était pas naturel.
Ils attendaient l'approche de quelque catastrophe.   20

Les jeunes galants du village voulaient s'approcher de Colette
pour la prier de danser avec eux. Cependant Colette restait isolée
dans un cercle invisible mais qui semblait maintenir la reine de la
soirée hors d'atteinte.* Elle invitait chacun à s'approcher et lui
adressait ses plus charmants sourires, mais on ne pouvait pas   25
s'approcher tout près d'elle.

Quand le sirop était suffisamment cuit et prêt à tirer, un nouveau
phénomène s'est produit. Le sirop était couleur d'or, mais, en le
tirant, la tire a pris les teintes les plus variées. Personne n'en avait
de la même couleur; ici rose, orange, blanche; là violette, azurée,   30
pourprée.* Elle avait un goût délicieux. On disait que c'était la
meilleure tire jamais faite dans le village.

---

    8.   Décrivez les changements chez Colette.
    9.   Pourquoi ne pouvait-on guère reconnaître Colette?
  10.   Qu'est-ce que tout le monde faisait en attendant?
  11.   De quoi les jeune filles étaient-elles jalouses?
  12.   Que faisaient les anciens?
  13.   Qu'est-ce que les galants voulaient faire?
  14.   Qu'est-ce que Colette les invitait à faire?
  15.   Décrivez le sirop.

Bientôt, un orchestre invisible a commencé un quadrille. Aussitôt tout le monde a été sur pied. Personne ne pouvait résister au charme de la musique. Vieux comme jeunes, infirmes comme non infirmes, tous se sont mis à danser avec une énergie, une légèreté dont ils se croyaient incapables.   5

Contre l'attente* générale, on a vu Colette danser seule. Il y avait toujours ce cercle autour d'elle. Aucun danseur ne pouvait l'approcher.

Soudain, on a entendu sonner minuit.

Colette a pâli.   10

Au dernier coup du clocher, un grand tumulte a commencé dans la salle. Les bouquets de fleurs se sont mis en mouvement et ont commencé à danser. Les marguerites et les boutons d'or de la voûte qui semblaient maintenant embrasés sont tombés comme une pluie de feu. Les lumières jusque-là si luisantes et si blanches 15 ont pris les teintes d'un brasier.* Tout dans la salle, fleurs, colonnes, bouquets, tout semblait flamber.*

On dansait, dansait toujours, de plus en plus vite. Malgré leur peur, les invités ne pouvaient pas quitter la danse rapide qui entraînait* les couples malgré eux. On n'a pas pu en prévoir la fin. 20 Puis on a vu les bouquets se réunir, entourer Colette et lui former un berceau.* Au milieu du berceau, deux trônes se sont élevés. Un personnage habillé tout en rouge, avec deux cornes au front, les yeux flamboyants, et d'une queue velue,* occupait l'un. L'autre était sans doute destiné à Colette.   25

A cette vue, les invités se sont signés.* Aussitôt, une vigoureuse poussée les a envoyés rouler pêle-mêle dans la neige, et l'on a entendu une voix terrible dire ces mots épouvantables.

—Colette, sois mon épouse, et viens régner avec moi au royaume de l'enfer.* Tu as dit ce matin: «Plutôt épouser le diable que de 30 coiffer sainte Catherine! Ton voeu est exaucé.* Damnés, en avant la noce! »

---

16. Bientôt qu'est-ce qui s'est passé?
17. Comment est-ce que tout le monde s'est mis à danser?
18. Avec qui Colette dansait-elle?
19. Qu'est-ce qui s'est passé à minuit?
20. Décrivez ce qui s'est passé au dernier coup du clocher.
21. Ensuite qu'est-ce que les bouquets de fleurs ont formé autour de Colette?
22. Qui occupait un des deux trônes?
23. Qu'est-ce que les invités ont fait?
24. Qu'est-ce qui s'est passé?
25. Qu'est-ce qu'on a entendu?

Tout le monde a essayé de se sauver. Derrière, on a entendu un bruit formidable de chaînes et d'enclumes.* Chose horrifique, la maison s'est enflammée brusquement.

Le lendemain, la maison de Colette n'était plus là. À sa place s'élevait un tas de cendres fumantes: derniers vestiges du terrible   5 drame de la veille.

Aucun spectateur des tragiques événements n'a pu l'oublier. C'est encore en tremblant, que, longtemps après, on rappelait à ses jeunes filles qui ne voulaient point coiffer sainte Catherine, la terrible punition de l'imprudente Colette.   10

Tous les ans, à la Sainte Catherine, à minuit, on voit dans les ruines une forme blanche tracer en lettres de feu:

« Plutôt épouser le diable que de coiffer sainte Catherine! »

Et l'on dit dans le village, que c'est Colette qui vient renouveler* à son seigneur et mari, le diable, l'hommage qu'elle a juré dans un   15 jour de malheur.

———————

26.   Décrivez ce qui s'est passé ensuite.
27.   Qu'est-ce qui s'élevait à la place de la maison de Colette?
28.   Qu'est-ce qu'on voit dans le village tous les ans à la fête de la Sainte Catherine?
29.   Qu'est-ce qu'on dit dans le village?

EXERCICES

I. Vocabulaire

A. Partie orale:

1. Répondez aux questions en employant *ne . . . point* selon l'exemple.

    Veut-elle inviter le diable?
    Réponse: *Elle ne veut point inviter le diable.*

    a. A-t-il prévu la fin?
    b. Avez-vous vu le prince?
    c. Le sirop était-il cuit?
    d. Résistait-il à son charme?
    e. Ont-ils entendu sonner midi?
    f. Est-elle arrivée à l'heure?

2. Faites des phrases en employant *Quant à* selon l'exemple.

    Le garçon, hocher la tête.
    Réponse: *Quant au garçon, il hochait la tête.*

    a. les galants, vouloir danser
    b. le commissionaire, pâlir
    c. la femme, lire la carte d'invitation.
    d. les jeune filles, être jalouses de Colette.
    e. l'orchestre, jouer un quadrille.
    f. les invités, avoir envie de partir.
    g. le diable, régner à l'enfer.

B. Partie écrite:

1. Trouvez dans le texte le contraire des mots suivants.

faux	minuit	pauvre	comique	tout le monde
après	d'abord	commun	la femme	le bonheur
le roi	le début	premier	se rappeler	ne . . . jamais
le pire	partout	s'arrêter	insincère	
jeune	visible	capable	prudent	

2. Trouvez dans le texte les verbes de la même famille que ces noms suivants.

le présent   la coiffure   la formation   l'imagination
le son   la création   le masque   la conversation
l'épouse   la pâleur   l'indication   la transformation
le règne   le roulement   l'occupation   l'entraînement
le tombeau   la prévoyance   la résistence

3. Trouvez dans le texte les adjectifs de la même famille que ces noms suivants.

l'arôme   la nature   la richesse   la puissance
l'odeur   l'amour   l'étonnement   la sincérité

4. Trouvez dans le texte les noms de la même famille que ces verbes suivants.

finir   danser   inviter   épouser
neiger   goûter   demeurer   punir

5. Trouvez dans le texte les noms de la même famille que ces adjectifs suivants.

léger   phénoménal   catastrophique   tumultueux
charmant   énigmatique   énérgique   sensationnel

6. Complétez chaque phrase suivante en ajoutant des mots convenables pour faire une phrase originale.

a. On peut imaginer comme je . . . .
b. Quant à moi, je . . . .
c. Au dernier coup de clocher . . . .
d. Malgré ma peur . . . .
e. Chose horrifique . . . .
f. On dit que je . . . .
g. Je ne peux pas résister à . . . .
h. J'ai envie de . . . .

II. Grammaire

A. Partie orale:

1. Refaites les phrases en employant *aucun . . . ne . . .* selon l'exemple.

                    Les danseurs pouvaient l'approcher.
Réponse: *Aucun danseur ne pouvait l'approcher.*

  a. Les malins la voyaient.
  b. Les villageois allaient chez Colette.
  c. Les galants voulaient danser avec elle.
  d. Les jeune filles étaient jalouses de sa grâce.
  e. Les invités arrivaient à l'heure.
  f. Les hommes pouvaient la voir.

2. Reprise. Répondez en employant l'exemple.

                    Qui peut imaginer une telle scène?
Réponse: *Personne ne peut imaginer une telle scène.*

  a. Qui a épousé ce malin?   d. Qui était invité au festin?
  b. Qui dansait avec Colette?   e. Qui voulait voir le diable?
  c. Qui a mangé de la tire?   f. Qui a commencé un quadrille?

3. Répondez en employant *ne . . . nulle part* selon l'exemple.

                    Où as-tu vu le diable?
Réponse: *Je n'ai vu le diable nulle part.*

  a. Où as-tu entendu le bruit?   d. Où as-tu mis le bouquet?
  b. Où as-tu lancé la cendre?   e. Où as-tu dansé?
  c. Où as-tu attendu l'invité?   f. Où as tu tracé le mot?

B. Partie écrite:

1. Refaites les phrases en employant l'exemple.

Le galant a été invité.

Réponse: *On a invité le galant.*

a. Le prince a été vu.   d. Les fleurs ont été dispersées.
b. Le sirop a été préparé.   e. Le diable a été reconnu.
c. La question a été posée.   f. Le quadrille a été commencé.

III. Composition.

*A.   Préparez un exercice qui demande aux étudiants de changer les verbes dans les phrases à un temps indiqué.

B.   Vous avez été un spectateur des événements qui se sont déroulés chez Colette la nuit de son parti de tire. Écrivez une lettre à un ami dans laquelle vous raconterez ce qui s'est passé.

C.   Écrivez cette histoire à la manière d'un journaliste.

IV. Projet de classe

Donnez un parti de tire où on doit parler français.

V. Pour stimuler une discussion

Répondez aux questions suivantes.

1. Quelle ville avez-vous habitée quand vous étiez un enfant?
2. Savez-vous qui sera votre époux(se)? Quelles qualités cherchez-vous dans un(e) époux(se)? Faites son portrait physique et moral.
3. Avez-vous jamais déposé quelque chose de porte en porte?
4. Est-ce qu'il y a des colonnes de marbre chez-vous? Faites une description de votre maison.
5. Avez-vous jamais fait la connaissance d'un prince ou d'une princesse?
6. Quelle couleur préférez-vous? Quelle fleur? Quelle odeur?
7. Qu'est-ce qui vous effraie?
8. Décrivez un grand incendie que vous avez vu au passé.
9. Croyez-vous au diable? en Dieu?

LES BIJOUX

d'après Guy de Maupassant

les appointements	salary	mordant	biting
balbutier	to stammer	obsédé	obsessed
la bijouterie	jewelry	se parer	to bedeck oneself
blâmer	to criticize	la parure	jewelry set
la boucle	buckle	le peigne	comb
le caillou	small stone	le percepteur	tax collector
le collier	necklace	la rancune	resentment
le commis	clerk	remuer	to stir, move
le comptoir	counter	se renseigner	to make inquiries
la démission	resignation	reprendre	to regain conscious-
effleurer	to graze, touch	connaissance	ness
	upon	du Rhin	rhinestone
s'efforcer	to strive	sec	dry
s'emplir	to fill	serrer	to press
s'empresser	to be eager	soigné	first rate
éperdument	madly	soupeser	to weigh in one's
éprouver	to experience		hand
le flâneur	loafer	le sous chef de	
frissonnant	shivering	bureau	assistant director
se gonfler	to swell	la succession	inheritance
grimper	to climb	supplier	to beseech
hanté	haunted	le tas	pile
hériter	to inherit	tendre	to stretch
honteux	ashamed	tousser	to cough
la loupe	magnifying glass	traîner	to drag, draw
maroquin	morocco leather	un traitement	salary
le ménage	household	le trottoir	sidewalk
les meubles	furniture	valoir	to be worth
		la vente	sale

∿∿∿∿

Monsieur Lantin a rencontré cette jeune fille, dans une soirée, chez son sous-chef du bureau* et il est tombé amoureux d'elle sur-le-champ.

C'était la fille d'un percepteur* de province mort depuis plusieurs années. Après la mort de son père elle est venue à Paris avec 5

QUESTIONNAIRE

1. Où Monsieur Lantin a-t-il rencontré sa femme?
2. Quand est-elle venue à Paris?

sa mère qui cherchait à marier la jeune personne à quelques bonnes familles bourgeoises dans le quartier où elles vivaient. À M. Lantin la jeune femme semblait le type absolu de l'honnête femme. Elle était d'une beauté modeste et possédait un charme angélique. Il y avait aussi un imperceptible sourire qui ne quittait point ses lèvres 5 et qui réflétait sa douceur.

Tout le monde chantait ses louanges et répétait sans fin: « Heureux l'homme qui la prendra.»

M. Lantin était commis principal au ministère de l'Intérieur et gagnait un traitement* de trois mille cinq cent francs par an. Un 10 jour il l'a demandée en mariage et l'a épousée.

Avec elle il éprouvait* un bonheur fou. Elle gouvernait sa maison avec une économie si adroite qu'ils semblaient vivre dans le luxe. Elle donnait tous ses soins à son mari et si grand était son charme que, six ans après leur rencontre, il l'aimait plus encore 15 qu'aux premiers jours.

Il y avait seulement deux goûts qu'il blâmait* en elle: celui du théâtre et celui de la bijouterie* fausse.

Ses amies (quelques femmes de modestes fonctionnaires comme son mari) lui procuraient des billets pour les pièces en vogue. Ainsi 20 elle traînait* son mari à ces représentations contre sa volonté, car il était toujours très fatigué après sa journée de travail. Alors il lui a suppliée * d'aller au spectacle avec une de ses amies qui la ramenait après. D'abord elle n'y a pas consenti, disant qu'elle n'approuvait pas cette manière d'agir. Mais elle a fini par l'accepter à la grande 25 joie de son mari.

Ce goût pour le théâtre a aussi créé en elle le besoin de se parer.* Ses toilettes demeuraient très simples, de bon goût, et modestes; et elle gardait cette même grâce irrésistible et humble. Mais elle a pris l'habitude de porter toutes sortes de bijoux: deux cailloux* 30 du Rhin* qui simulaient des diamants, des colliers* de perles

---

3. Qu'est-ce que sa mère cherchait pour elle?
4. De quoi était-elle le type absolu selon Lantin?
5. Qu'est-ce qui annonçait la douceur de cette jeune personne?
6. Qu'est-ce que tout le monde pensait d'elle?
7. Où Monsieur Lantin gagnait-il sa vie? Quelle était sa situation économique?
8. Comment la jeune femme gouvernait-elle sa maison?
9. Comment traitait-elle son mari?
10. Qu'est-ce qu'il blâmait en elle?
11. Pourquoi n'aimait-il pas aller au théâtre?
12. Par conséquent qu'est-ce qu'il l'a suppliée de faire?
13. Quel autre goût allait avec cette passion de sa femme pour le théâtre?

169

fausses, des boucles,* des peignes* ornées de pierres fausses.

Son mari était un peu choqué de cet amour des bijoux et répétait souvent: «Ma chère, si on n'a pas les moyens d'acheter
des bijoux véritables, on se pare de sa beauté et de sa grâce —
voilà encore les plus rares bijoux.»   5

Mais elle souriait doucement et répétait: «Que veux-tu?
J'aime ça. C'est mon vice. Tu as raison, mais on ne se change
pas. Oh, que je regrette de ne pas avoir des bijoux.» Et elle faisait
rouler dans ses doigts les colliers de perles, en répétant: «Mais
regarde donc comme c'est bien fait. On dirait que c'est vrai.»   10
Il souriait en disant: «Tu as des goûts de bohémienne.»

Quelquefois, le soir, quand ils demeuraient en tête à tête au
coin du feu, elle apportait sur la table où ils prenaient le thé la
boîte de maroquin* où elle enfermait son «trésor,» comme disait
son mari; et elle commençait à examiner ces bijoux imités avec   15
une attention passionnée. Son mari lui disait, «Comme tu es
drôle,» et elle se jetait dans ses bras et l'embrassait éperdument.*

Une nuit d'hiver elle est rentrée de l'Opéra tout frissonnante*
de froid. Le lendemain elle toussait.* Huit jours plus tard elle
mourrait d'une maladie de poitrine.   20

Lantin l'a suivie presque dans la tombe. Son désespoir a été si
terrible que ses cheveux sont devenus blancs en un mois. Il pleurait
du matin au soir hanté* par le souvenir, par la voix, par tout le
charme de la morte.

Le temps n'a pas diminué sa douleur et souvent au bureau quand 25
ses collègues venaient lui causer un peu des choses du jour, on
voyait soudain ses joues se gonfler,* ses yeux s'emplir* d'eau, il
faisait une grimace affreuse et commençait à sangloter.

Il avait gardé intacte la chambre de sa femme où il s'enfermait.
tous les jours pour penser à elle; et tous les meubles* et ses vête-   30
ments demeuraient à leur place où ils se trouvaient au dernier jour.

Sa vie devenait plus dure pour lui. Ses appointements* autrefois
suffisants à tous les besoins du ménage* entre les mains de sa
femme, devenaient à présent insuffisants pour lui seul. Et il se

14.   Comment continuait-elle à s'habiller? Mais avec quelle nouvelle
        habitude?
15.   Que pensait le mari de cette passion pour les bijoux?
16.   Comment sa femme répondait-elle à ces objections?
17.   Qu'est-ce que c'est qu'une bohémienne?
18.   Le soir qu'est-ce qu'elle aimait souvent à faire?
19.   Racontez les circonstances de sa mort.
20.   Comment le mari a-t-il révélé son désespoir à sa mort?
21.   Est-ce que le temps lui a aidé à diminuer son malheur?
22.   Comment sa vie est-elle devenue plus dure?   171

demandait avec stupeur comment elle était arrivée à lui faire boire toujours des vins excellents et des nourritures délicates qu'il ne pouvait plus acheter avec ses modestes revenus.

Il a fait quelques dettes et un matin, comme il se trouvait sans un sou, une semaine entière avant la fin du mois, il a pensé à vendre 5

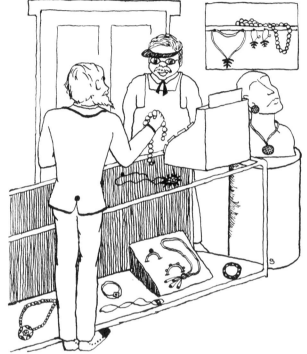

quelque chose. Tout de suite la pensée lui est venue d'ouvrir le « trésor » de sa femme. Depuis la mort de sa bien aimée il gardait au fond de son coeur une sorte de rancune* contre ces « faux bijoux » qui l'irritaient. Peut-être qu'ils gâtaient le souvenir de sa femme. 10

En tout cas il a cherché longtemps dans le tas* d'objets laissés et il s'est décidé de vendre le grand collier, qui était vraiment d'un travail très soigné* et pouvait bien valoir,* pensait-il, six ou huit francs. C'était aussi l'objet préféré de sa femme. Il l'a mis en sa

---

23. Qu'est-ce qu'il se demandait à ce propos?
24. Pourquoi a-t-il pensé tout de suite à vendre quelque chose?
25. Qu'est-ce qu'il s'est décidé de vendre le premier? Pourquoi?

poche et s'est dirigé vers son ministère, en suivant les boulevards, cherchant une boutique de bijouterie convenable.

Enfin il en a vu une et est entré, un peu honteux* de chercher à vendre quelque chose de si peu de prix.

—Monsieur, dit-il au marchand, combien estimez-vous ce mor-   5
ceau, s'il vous plaît

L'homme a pris l'objet, l'a examiné, l'a retourné, l'a soupesé,* a pris une loupe,* et a appelé son commis.* Puis il a reposé le collier sur son comptoir* et l'a regardé de loin pour mieux juger de l'effet.   10

Enfin il a dit à M. Lantin, qui était embarrassé par toutes ces cérémonies: «Monsieur, cela vaut de douze à quinze mille francs; mais pour l'acheter, je dois savoir d'où il vient.»

Lantin a ouvert des yeux énormes sans rien comprendre. Il a balbutié* enfin: «Vous dites...? Vous êtes sûr?» L'autre un   15
peu fâché n'a pas compris son étonnement et a répondu d'un ton sec:* «Vous pouvez chercher ailleurs pour un meilleur prix. Pour moi cela vaut, au plus, quinze mille. Revenez me trouver si vous ne trouvez pas mieux.»

Une fois dans la rue Lantin a été saisi d'un fou besoin de rire   20
et il a pensé: «L'imbécile! O l'imbécile. En voilà un bijoutier qui ne sait pas distinguer le faux du vrai.»

Et il a pénétré chez un autre marchand, à l'entrée de la rue de la Paix. En examinant le bijou le monsieur s'est écrié:

—Ah, parbleu, je le connais bien, ce collier; il vient de chez moi.   25

M. Lantin, fort troublé, a demandé: «Combien vaut-il?»

—Monsieur, je l'ai vendu vingt-cinq mille. Je suis prêt à le re-prendre pour dix-huit mille, si vous pouvez m'indiquer comment vous l'avez.

Cette fois M. Lantin s'est assis, fort étonné. Il a repris: 30
«Mais... Mais examinez-le bien attentivement, Monsieur, j'avais cru jusqu'ici que c'était un faux.»

Le bijoutier lui a demandé: «Voulez-vous me dire votre nom, Monsieur?»

Parfaitement. Je m'appelle Lantin, je suis employé au ministère   35
de l'Intérieur, je demeure dans la rue des Martyrs.

26. Pourquoi avait-il honte d'entrer dans une bijouterie?
27. Décrivez comment le marchand a examiné cet objet.
28. Combien vaut le collier?
29. Comment le marchand a-t-il interprété la surprise de Lantin?
30. Que pensait Lantin de ce bijoutier?
31. Que disait l'autre marchand sur l'origine de ce collier?

— Ce collier a été renvoyé en effet à l'adresse de Mme Lantin,
rue des Martyrs, le 20 juillet 1876.

Les deux hommes se sont regardés dans les yeux, l'employé
éperdu de surprise et le bijoutier soupçonnant un voleur.

Le bijoutier s'est repris: 5

—Voulez-vous me laisser cet objet pendant 24 heures seulement;
je vais vous en donner un reçu.

—Certainement, a dit Lantin. Et il est sorti en pliant le papier
qu'il a mis dans sa poche.

Puis il s'est trompé de route, est redescendu aux Tuileries, a   10
passé la Seine, et reconnaissant son erreur, est revenu aux Champs-
Elysées sans une idée claire dans la tête. Il s'efforçait* de raisonner
de comprendre. Comment sa femme avait-elle pu acheter un objet
d'une telle valeur? —Non, ce n'était pas possible! Mais alors,
c'était un cadeau! Un cadeau! Un cadeau de qui? Pourquoi?   15

Il s'était arrêté et demeurait debout au milieu de l'avenue. Le
doute terrible l'a effleuré.* Elle —? Mais alors tous les autres
bijoux étaient aussi des cadeaux. Il lui semblait que la terre remuait;* il a étendu les bras et s'est évanoui, privé de sentiment.

Il a repris connaissance* dans la boutique d'un pharmacien où   20
quelques passants l'avaient porté. Il a pris un fiacre et est rentré,
s'enfermant à clef. Jusqu'à la nuit il a pleuré éperdument, mordant
son mouchoir pour ne pas crier. Puis il s'est mis au lit et a dormi
d'un sommeil lourd.

Un rayon de soleil l'a réveillé et il s'est levé pour aller à son   25
ministère. Mais il a pensé qu'il fallait retourner chez le bijoutier.
Il avait honte mais il ne pouvait pas laisser le collier chez cet
homme.

Il faisait beau. Des flâneurs* allaient ici et là, les mains dans
leurs poches. Lantin s'est dit en les regardant passer: «Comme   30
on est heureux quand on a de la fortune! Avec de l'argent on
va où on veut, on voyage, on s'amuse! O si j'étais riche! »

Il avait faim, sa poche était vide et il s'est souvenu de nouveau
du collier. Dix-huit mille francs! Dix-huit mille francs. C'était
une somme, cela!   35

_____

32. Pourquoi le marchand voulait-il garder le bijoux pendant 24 heures?
33. Selon Lantin comment sa femme a-t-elle pu posséder un tel objet
     de valeur?
34. Alors quel doute terrible l'a effleuré à ce moment?
35. Pourquoi s'est-il évanoui à ce point de l'histoire?
36. Ensuite comment a-t-il passé la nuit?
37. Pourquoi ne voulait-il pas laisser le collier chez le bijoutier?
38. Pourquoi admirait-il tellement les flâneurs qu'il observait?

Il a gagné la rue de la Paix et a commencé à se promener de long en large sur le trottoir,* en face de la boutique. Vingt fois il est presque entré, mais la honte l'arrêtait toujours.

Gagné par sa grande faim il s'est décidé brusquement. Il a traversé la rue en courant pour ne pas avoir le temps de réfléchir, et 5 s'est précipité chez le bijoutier.

Le marchand s'est empressé,* et lui a offert un siège* avec une politesse exagérée. Il a déclaré:

« Je me suis renseigné,* Monsieur, et si vous êtes toujours dans les mêmes dispositions, je suis prêt à vous payer la somme que je 10 vous ai proposée.»

L'employé a balbutié: «Mais certainement.»

Le bijoutier a tiré d'un tiroir dix-huit grand billets et les a tendus* à Lantin, qui a signé un petit reçu et a mis l'argent dans sa poche d'une main tremblante. 15

En sortant il a dit au marchand: « J'ai d'autres bijoux — qui me viennent . . . qui me viennent de la même succession.* Voulez-vous les acheter aussi? »

Le marchand a incliné la tête.

«Mais certainement, Monsieur.» Un des employés est sorti pour 20 rire à son aise; un autre se mouchait avec force.

Lantin, impassible, rouge et grave, a promis de les lui apporter.

Quand il est revenu chez le marchand une heure plus tard, sans avoir déjeuné, ils ont commencé à examiner les objets pièce à pièce. Presque tous venaient de la maison. 25

Lantin, maintenant, discutait les estimations, se fâchait souvent, voulait voir les livres de vente,* et parlait de plus en plus haut à mesure que la somme s'élevait. Les grosses boucles d'oreille, les bracelets, les broches, bagues, parures,* colliers, le tout valait le chiffre de cent quatre-vingt-seize mille francs. 30

Le marchand a déclaré d'un ton moqueur:

«Evidemment cela vient d'une personne qui mettait toutes ses économies en bijoux.»

«C'est une manière comme une autre de placer son argent,» a déclaré Lantin, un peu vexé, mais voulant conclure l'affaire. 35

Quand il s'est retrouvé dans la rue il a regardé la colonne Vendome avec l'envie d'y grimper,* tant il était ivre de joie.

39. Comment le marchand l'a-t-il traité quand il est entré?
40. Qu'est-ce que celui-ci a proposé à Lantin?
41. Que Lantin a-t-il demandé ensuite au marchand?
42. Décrivez le changement dans le comportement de Lantin avec le marchand cette fois.

175

Il a déjeuné chez Voisin et a bu du vin à 20 francs la bouteille.

Puis il a pris un fiacre et a fait un tour au Bois de Boulogne. Il regardait les autres équipages avec un certain mépris, obsédé* du désir de crier aux passants, « Je suis riche aussi, moi. J'ai deux cent mille francs.»

Il a pensé soudain à son ministère; retournant là, il est entré délibérément chez son chef et a annoncé sa démission,* donnant pour sa raison un héritage de trois cent mille francs.

Il est allé serrer* la main de ses anciens collègues et leur a confié ses projets d'existence nouvelle. Puis il a dîné au Café Anglais.

Se trouvant à côté d'un Monsieur qui avait l'air distingué, il n'a pas résisté à la tentation de lui confier qu'il venait d'hériter* de quatre cent mille francs.

Pour la première fois il ne s'est pas ennuyé au théâtre et a passé sa nuit avec des filles.

Six mois plus tard il se remariait. Sa seconde femme était très honnête, mais d'un caractère difficile. Elle l'a fait beaucoup souffrir.

———————

43. Comment Lantin a-t-il dépensé son argent après avoir quitté la boutique?
44. A quoi a-t-il pensé tout de suite?
45. Quelle raison a-t-il donnée pour sa démission? Combien d'argent a-t-il hérité, selon lui?
46. Quelle ironie trouvez-vous au fait qu'il a assisté au théâtre ce soir?
47. Est-ce que son argent l'a rendu heureux?
48. Comment l'argent a-t-il changé le caractère de Lantin?

EXERCICES

I. Vocabulaire

A. Partie orale:

1. Faites les phrases en employant la préposition *au fond. de* selon l'exemple.

> *J'ai trouvé le crayon. ma poche.*
> Réponse: *J'ai trouvé le crayon au fond de ma poche.*

a. J'ai vu le fiacre.   la rue
b. Elle a cherché le bijoux.   la boîte
c. Il gardait un amour d'elle. son coeur
d. Le bijoutier travaillait.   la boutique
e. Je vois le professeur.   la salle de classe

2. Refaites les phrases suivantes en employant *de plus en plus* selon l'exemple.

> *Il parle haut.*
> Réponse: *Il parle de plus en plus haut.*

a. Il lui a parlé rapidement.
b. Elle devenait curieuse.
c. M. Lantin se trouvait pauvre.
d. Il examinait les bijoux attentivement.
e. Elle s'évanouissait souvent.

B. Partie écrite: Récapitulation.

1. Voici une liste de quelques adjectifs de qualités personnelles qu'on peut appliquer aux hommes ou aux femmes. Choisissez dix de ces adjectifs et employez chacun dans une phrase originale.

fou	humble	bizarre	charmant	irrésistible
poli	jaloux	curieux	ignorant	impassible
fier	passif	élégant	paresseux	mal élévé
gâté	simple	nerveux	désespéré	intelligent

calme	stupide	négatif	distingué	consciencieux
sage	sévère	modeste	angélique	courageux
drôle	grave	noble	honnête	méprisant
actif				

2. Trouvez les verbes qui viennent de la même famille que ces noms suivants.

l'arrêt	le passant	l'annonce	la souffrance
l'achat	le soupçon	l'indication	l'estimation
l'examen	la pensée	la demeure	le commence-
l'employé	le sanglot	la rencontre	ment
le regard	la chanson	le déjeuner	le gouvernement
l'entrée	le mariage	la répétition	le souvenir
			la raison

3. Faites dix phrases originales en employant un des adjectifs dans l'exercice B 1 avec un des noms dans l'exercice B 2.

> *l'achat — fou*
>
> Réponse: *Quand j'ai acheté cette perle, c'était un achat fou.*

III. Grammaire

A. Partie orale:

1. Reprise: Répondez à l'impératif en employant les exemples.

> *chercher les bijoux*
>
> Réponse: *Cherche*
> *Cherchez → les bijoux*
> *Cherchons*

a. chanter ses louanges
b. saisir la perle.
c. garder les diamants
d. faire un voyage

e. accepter la proposition
f. prendre un fiacre
g. descendre dans la rue
h. suivre les boulevards

Réponse:
se souvenir du jour
Souviens-toi du jour.
Souvenez-vous du jour.
Souvenons-nous du jour.

a. se remarier
b. se mettre au lit
c. s'arrêter devant moi
d. se lever de bonne heure

e. s'enfermer dans la chambre
f. se promener de long en large
g. s'efforcer de raisonner
h. se diriger vers la boutique

2.   Refaites l'exercice ci-dessus à la forme négative.

B.   Partie écrite:

1.   Refaites les phrases en employant le pronom indirect.
      (*lui* ou *leur*) selon l'exemple.

Réponse:
J'ai offert un collier à ma femme.
Je lui ai offert un collier.

a. Mon ami procure un billet à <u>ma mère</u>.
b. J'ai demandé <u>à ma femme</u> de ne pas y aller.
c. Nous parlons de l'histoire <u>à nos amis</u>.
d. La pensée est venue <u>au bijoutier</u> d'ouvrir la boîte.
e. Il semblait <u>aux hommes</u> que la terre remuait.
f. J'ai demandé <u>au marchand</u> de soupeser l'objet.

2.   Refaites les phrases en employant les pronoms directs
      et indirects selon l'exemple.

Réponse:
J'ai donné <u>le bracelet au bijoutier</u>.
Je le lui ai donné.

a. Il a montré <u>la perle à sa femme</u>.
b. Le bijoutier a procuré <u>les diamants à ces amis</u>.
c. Elle a porté <u>la boîte à son mari</u>.
d. Le marchand a vendu <u>les bijoux à la femme</u>.
e. Ils ont indiqué <u>le collier à M. Lantin</u>.
f. Il a renvoyé <u>l'argent à ses amis</u>.

3. Refaites les phrases en employant des pronoms per-
   sonnels (objet direct ou indirect) ou *y* selon le cas.

   J'ai mis l'objet en ma poche.
   Réponse: *Je l'y ai mis.*
   J'ai donné l'objet à ma femme.
   Réponse: *Je le lui ai donné.*

   a. M. Lantin a regardé les flâneurs dans la rue.
   b. J'ai offert la boîte au bijoutier.
   c. Il a tendu l'argent à M. Lantin.
   d. Elle a placé les bijoux au fond du tiroir.
   e. Vous avez parlé aux jeunes filles en face du café.

III. Composition

*A. Tirez quelques mots du vocabulaire de ce texte et pré-
    parez un exercice comme celui à la page 165 qui demande
    aux étudiants d'ajouter quelque mots pour faire des phrases
    originales.

*B. Préparez un *Jeu de mots* comme celui à la page 148 en employ-
    ant des mots dans cette histoire.

 C. Ecrivez un précis de cette histoire dans un ou deux para-
    graphes.

COGNATES

Cognates are words in different languages which have in common the same original word or root. English is especially rich in cognates with French and shares with it numerous words which are spelled exactly the same and which have the same meaning. Thus the word *absent* in English has its cognate in the French word *absent*. There are also a host of words which share a common Latin root but whose spellings are slightly different. For example, the English word *favor* has its counterpart in the French *la faveur*.

Because words generally are found in families, cognates are not always exact in the various parts of speech. For example, in the same family as the verb *glorifier* are the noun, *la gloire;* the adjective, *glorieux;* and the adverb, *glorieusement*.

Be aware, however, that there are no precise rules governing cognates and also that, though the words do share the same meaning and are used in the same sense, sometimes nuances of usage have developed in each language to the point where the words have taken on second meanings which are not shared. For example, the word *herb* in English has a specialized meaning while the French *herbe* has the further meaning of grass in general. The cognate usage in *Le pot au feu* may be assumed to be parallel meaning unless otherwise noted.

There is, of course, the frustrating problem of "les faux amis," the French words which are spelled the same as English words but whose meaning is substantially different. For example *figure* means face in French and not either a number or body line, as it does in English. If a cognate does not appear in the list which follows, you can assume there is a major problem involved and you will find it in the regular vocabulary section.

One further word is necessary with regard to translation. Many cognates are often better translated into the English Anglo-Saxon synonym than into the cognate word, since the cognate word may have taken on a slightly different nuance, particularly in stylistic usage. For example, take the cognates *commence* and *commencer*. If you were to ask an usher at the movies (cinema?) what time the show "commences" rather than "begins," he would probably think you were putting on airs. However, the French "A quelle heure commence le film?" has no such connotation. You are probably better off not thinking in terms of translation at all at this level, but to be forewarned is to be forearmed.

Below are some generalizations which may be helpful in building vocabulary in French based on cognates. Since this is not an exhaustive study, when in doubt consult a dictionary.

Generalizations Concerning Cognates

General

1. English words sometimes drop a consonant from their French counterpart. *cha_s_e – cha_ss_er, la cha_ss_e*
2. Occasionally an English word will add a consonant to the French. *a_d_venture – une aventure*
3. French s's are often rendered by z in English. *fertili_z_e – fertiliser*

Nouns

4. The following are examples of equivalents in endings which occur commonly but for which there is no hard and fast rule stating that the change will always take place.

    favo_r_ – la fav_eur_   ceremon_y_ – la cérémon_ie_
    mis_ery_ – la mis_ère_   historia_n_ – un histor_ien_
    beaut_y_ – la beaut_é_   musi_c_ – la musi_que_

Adjectives

5. Many English adjectives share their spelling closely with the feminine form of the French adjective.

    > *favorite – favori (te)*
    > *furtive – furtif(ve)*
    > *nervous – nerveux(euse)*

6. The following are examples of differences in endings which commonly occur.

angelic – *angélique*
situated – *situé*
imaginary – *imaginaire*

Verbs

7. Occasionally an English verb adds the ending *ate* to the stem of a French verb. *terminate* – *terminer*
8. The equivalent to the English *ing* ending in French is *ant*. As in English, this produces a present participle which at the same time may be an adjective. *charming* – *charmant*
9. A common verb ending in English, which may carry over to other parts of speech in the family, not found in French is *ish*. *accomplish, accomplishment* – *accomplir, accomplissement*

Adverbs

10. Many adverbs in French are formed by adding *ment* (equivalent to *ly* in English) to the feminine form of the adjective. *curiously* – *curieusement*
11. Other adverbs are formed irregularly. *brilliant, brilliantly* – *brilliant, brillamment*

Vowel Changes

12. Often the French *ou* transforms into either *o* or *u* and an *au* into an *a* in English.

return – *retourner*
movement – *mouvement*
save – *sauver*

COGNATES

Numbers refer to the generalization which govern the cognate relationship. Students who are interested may wish to study the cognate list and offer other possible generalizations.

(*) indicates a problem of translation or an idiom connected with the word. See the general vocabulary.

A

abandonner
une absence
absent
un accent
accepter
un accident
accompagner (1)
accomplir (9)
un accord*
une acrostiche
actif (5)
une action
adhérer
un adolescent
admirable
une admiration
admirer
un adorateur (4)
adorer
adorner
adresser (1)
une adresse (1)
adroit
un âge
une aide
aider
un air*
américain
un Américain

amusant (8)
ancien, -ne (2)
une anecdote
angélique (6)
un angle
un animal
annoncer
un antonyme
une apostrophe
une apparence
une apparition
un appartement
apprécier (7)
applaudir
une approche
s'approcher (de)
approuver
l'archéologie (4)
un archéologue
ardent
aromatique (6)
arranger
une arrivée
arriver
assurer
s'assurer
un astronaute
attaquer

attentif (5)
une attention*
  attentivement (10)
une attitude*
  s'assembler
  s'augmenter
un auteur (4)
un autobus

automatique (6)
automne
une autorisation (2,3)
  s'avancer (2)
un avantage (2)
une aventure (2)
  avouer
  azuré

B

le bagage (2)
la baie (4)
le bandit
  baptiser (3)
  baser
la beauté (4)
le bébé
le béret
  bizarre
  bleu
  blond
le botaniste

le boulevard
le bouquet
  bourgeois
la boutique
le bracelet
la branche
  brandu (9)
le brigand
  brillamment (11)
  brillant
la broche
  brusquement
la bugle

C

la cage
le calculateur (4)
  calme*
  calmement (10)
se calmer
le camarade
le caméleon
  camper
la canne (2)
le canot (1)
la capitale
le capitaliste

le caractère (2)
  caresser
le caricaturiste
  carnivore
la catastrophe
la catégorie (4)
la cathédrale
la cause*
  célébrer (7)
  central
le cercle
la cérémonie (4)
  certain

certainement (10)
cesser
la chaîne
la chance
changer
la chapelle
le chapitre
charmant (8)
le charme
la chasse (1)
le chasseur (1)
le chauffeur
la cheminée (4)
le chocolat
le cigarette
civilisé (3)
clandestinement (10)
la classe*
la coiffure
la coïncidence
la colique (4)
collaborer (7)
le collègue
le colonel
le combat
combiner
la comédie (4)
la commande
commander
le commencement
commencer
commun
le compartiment
le compagnon (1)
compétent

compléter
le compliment *
le comportement
composer
la composition
la conclusion
condamner
la condoléance
conjuguer (7)
consentir
la conséquence*
se conserver
consciencieux (5)
consentir
considérer
constituer
le contact
content
continuellement (10)
continuer (à)
se contracter
le contraire (6)
convaincre
la conversation
la couleur (12)
la couple
le courage
courageux (5)
le cousin
le cri
crier
cruel, -le
la curiosité (4)
curieux (5)
curieusement (10)

D

le danger
dangereux (4)
danser
le débris
le début

décider (de)
déclarer*
décorer (7)
décourager
défendre*

déformé
délibérer (7)
délicat
délicieux (5)
délivrer (1)
le départ
la dépression
le désastre
désapprouver
descendre
désirer
le désordre
destiner
le détail
la dette
diabolique (6)
le dialogue
la différence
difficile
le dignitaire (4)
diminuer (9)
dîner

le dîner
directement
discerner
la discrétion
la discussion
la disgrâce
se disperser
disposer
la dissonance
la distance
distinctement (10)
se distinguer (9)
distribuer (7)
la distribution
divers
la division
divisible
douter*
dramatique (6)
le drame
durant (8)

E

échanger (2)
un écho
une économie (4)
un effort
effectif (5)
effectivement (10)
une élégance
élégant
un élixir
éléver (7)
éliminer
une émotion
un empereur (4)
employer
emprisonner
un emprisonnement

encourager
un encouragement
encourager
énergiquement (10)
un enfant
enfantine
une énigme
un ennemi
entier
une entrée
envelopper (1)
un épisode
une époque
un équilibre
une erreur (4)
une estimation

estimer (7)
établir (1,7)
un établissement
une éternité (4)
un éther
évasif (5)
évidemment (11)
évident
examiner
excellent
excepté
excessif (5)
excessivement (10)

exhiber (1)
une exhibition
exclamer
une excuse
excusé
exécuter
un exemple
un exercice
exister
exposer
un extérieur (4)
extraordinaire (6)
extrême

F

la fable
la famille (1)
la fatigue
fatiguer*
la faveur (4)
favorable
favori (5)
féliciter (7)
féminin
la fiancée
finir (9)
la forêt (2)

la forme
formel
formidable
la formule
la fortune
frivole
franc*
la frontière
le fruit
furieux (5)
furtif (5)
la fusée

G

gai
gaîment
général
glorieux (5)
la grâce
grâcieux (5)
la grammaire*
le grammarien (4)
grand
grandiose

la gratitude
grave
gravement
la grimace
grotesquement (10)
le groupe
le guide
guider
la guitare

188

H

le halo
la harpe
le héros
    héroïque (6)
une hésitation
un historien (4)
un hommage
un honneur (4)

un hôpital (2)
une horreur (4)
    horrifique (6)
un hôtel
humain
humble
humblement

I

idéal
une idée
une identité
une indifférence
un idiot
    ignorant

une ignorance
une illusion
    illusion
    illustrer
    imaginaire
    imaginatif (5)
    imaginer
un imbécile
    immédiatement (10)
    immense
    immobile
    immortaliser (3)
    impatient
    impératif (5)
    imperceptible
    important
    impossible
une impression
    improviser (3)
    imprudent
    incapable
un incident
un indien (4)
une indifférence

indiquer (7)
inévitable
une infamie (4)
infester
une initiative
injustice
un inspecteur
une inspection
une inscription
un instant*
une instruction
un instrument
insuffisant
intact
intelligent
une intention*
un intérieur (4)
s'intéresser(à)
un intérieur (4)
interposer
interpréter
interrogatif (5)
une interruption
intriguer
inventer
une invitation
inviter
une ironie (4)
irrégulier
irrésistible
irriter (7)

189

J

la joie
le juge (2)
le jugement (2)
  juger (2)

le journaliste
la justice
  juste*

L

le larcin
  légendaire (6)
la légende
la lettre
  limité (6)

le liquide
la liste
la littérature (1)
la locale
la localité (4)

M

la machine
le magistrat
la magnificence
  magnifique
le majesté (4)
  malicieux (5)
le malt
  manoeuvrer
le maraudeur
la marchandise
le mariage (1)
le martyr
  masquer
les mathématiques (4)
la mélodie (4)
le membre
  menaçant (8)
  menacer
le mercurochrome
le message
le mètre

le million
la miniature
  miniscule
la minute
le miroir (2)
le misérable
la misère (4)
le missionaire (1,4)
  modeste
le modèle
le moment
le monastère (4)
le monologue
le monstre
le monument
  moral
le mouvement (12)
la multiplication
  murmurer
la musique (4)
le mystère (4)

N

le narrateur (4)
la nation
la nationalité (4)
naturel, -le
naturellement (10)
nécessaire (6)
nécessairement (10)
négatif (5)

négliger
nerveux (5)
nerveusement (10)
noble
nombreux (5)
la noblesse
normalement (10)

O

obéir (9)
un objet (2)
un observatoire (4)
observer
un obstacle
une occasion*
une odeur (4)
un officier
offrir (1)
un oncle
s'opposer à

optique (6)
orange
un orchestre
ordinaire* (6)
ordinairement (10)
un ordre
original
une origine
ostensiblement (10)
une ouverture (12)

P

la page
pâle
le papier
le paradis
le paragraphe
pardonner (1)
le parfum
la parodie (4)
le participe (2)
le passage
la passion
passionné (7)
pastoral
la patience

payer
pêle-mêle
le penchant
pénétrer (7)
pensif (5)
la permission
permettre (1)
perpétuel
la personne
le peuple
le phénomène
le philosophe
le piano
le pilote

la pipe
placer
le plan
la plante
planter
plausible
prolonger
le poème
le point
la ponctuation
le portrait
poser*
la position
possessif (5)
le postérieur (4)
la postérité (4)
le pot
pratique
le précédent
préférer
préparer
le préparatif
la présence
le présent*
la présentation
se présenter
prétendre*

primitif (5)
le prince
principal
le prieur (4)
la prison
le prisonnier (1)
la probabilité (4)
le problème
procurer
le professeur
la profession
le profil
profond
profondément (11)
le projet (2)
la promesse (1)
prompt
la promptitude
promulguer (7)
le propriétaire
protester
prouver
la province*
la publicité
publique (6)
punir (9)

Q

le quadrille
la qualité (4)

la question

R

la radiateur (4)
la raison
raisonner (1)
rare
rassurer

le rat
ravager
la réaction
la récapitulation
récent

réciter
recommander
recouvrir (1)
le redoublement
redescendre
réel
réellement (10)
refléter (2)
le refrain
la réflexion
refuser
le régiment
la région
regretter (1)
relatif (5)
religieux (5)
remarquable
le remède
remplacer
le rendez-vous
répéter
le rapide*
la reprise*

le reproche
se réserver
la résignation
la résistance
résister
respecter
ressembler*
le résultat
retourner* (12)
le revenu
la révérence
revisionniste (1)
la révolte
riche
la richesse
risquer
le rituel
la rivière
le rôle
rose
la route*
la ruine

S

sacrifier
sage
le saint
Satan
saluer*
la satisfaction
satisfait
sauver (12)
savourer (12)
le sauveur (12)
le scandale
la scène
la science
la second
le secret

la sensation
le sentiment
la série (1)
sérieux (5)
le serpent
la servante
le service
servir*
sévère
signer*
le silence
le signe*
signifiant
similaire
la simplicité (4)

193

simuler (7)
sincère
sincèrement (10)
singulier
singulièrement
sire
le sirop
la situation
situé (6)
six
solide
le solo
sombre
le sommet
la sorte
le spectacle*
le spectateur (4)
la sphère
la statue
stigmatiser (3)
stimuler (7)
le stratagème

la stupéfaction
le stupeur
la stupidité (4)
subsister
le succès (2)
la succession*
succulent
suffisant
suffisamment (11)
sulfurique (6)
superbe
supérieur (4)
la superstition
supposer
surmonter
survivre (1)
suspendre
svelte
la symétrie (4)
la symphonie (4)
le synonyme
le système

T

la table
le talent
taper
la télégraphie (4)
téléphoner
le tennis
la tentation (1)
terminer (7)
la terreur (4)
terrible
le territoire
le texte
le théâtre
la thème
la timidité (4)
la torture

toucher
tourmenter (12)
tourner* (12)
la trace
tracer
la tragédie (4)
tragique (6)
le trait
tranquille (1)
le transformation
tremblant (8)
trembler
le trésor
le triangle
le triomphe
la trompette (1)

le trône (2)
troubler
la troupe

le tumulte
le type

U

utiliser (3)

unique

V

vaguement
vain, -ne
la valeur* (4)
la vapeur* (4)
la variation
varié (6)
la valise
le verbe
véritable
la vérité (4)
la version
vertical
la vertu
vertueux (5)
le vestibule
le vestige

vexé
le vice
la victime
la victoire (4)
victorieusement (10)
vigoureux (5)
le village
le villageois
la violette (1)
le violon
le visage
visiter
la visite
la vogue
voyager
le voyageur

VOCABULAIRE

Abbreviations Used

adj.	adjective	*neg.*	negative
adv.	adverb	*p.p.*	past participle
f.	feminine	*pl.*	plural
m.	masculine	*pop.*	popular
	prep.	preposition	

A

a has; *see* avoir; **il y —** there is, there are; ago

à at, to, in

un abécédaire spelling book, primer

aboyer to bark

un abri shelter, cover

absolu absolute

absolument absolutely

abstrait abstract

accablant overwhelming

un accomplissement accomplishment

un accord agreement; bargain; **d' —** o.k., agreed

s'accouder to lean on one's elbow

accoutumé accoustomed

accrocher to hang up

acheter to buy

achever to reach, attain; to finish

un acier steel

une affaire affair, matter; *pl.* business

s'affaler to flop down

une affiche poster; sign; notice

affreux, —euse, frightful

affolé distracted

afin de to, in order

agacé aggravated

agaçant irritating

s'agenouiller to kneel down

agir to act; **il s'agit de** it is a question of

agréable attractive

un agrément consent; charm

un aigle eagle

aigu pointed, sharp

un ail garlic

ailleurs elsewhere

aimer to like, love: **—mieux** to prefer

ainsi thus, therefore

une aise ease; **à son —** at ease

aisément easily

ajouter to add

allemand German

aller (*p.p.* **allé**) to go; **s'en—** to go away

une alliance wedding ring

allonger to stretch; **s'—** to stretch out

allumer to light

une allumette match

alors then

un amant lover

une âme soul

une amende fine, penalty

amener to take along, bring (a person)

un ami friend

un amour love

amoureux, —euse in love; **tomber — de** to fall in love with

s'amuser to have a good time

un an year

un âne ass, donkey

un ange angel

un angélus Angelus

une année year

ânonner to blunder through (a lesson)

apercevoir (*p.p.* **aperçu**) to perceive; notice: **s'—** to notice, to remark, to be aware of

un **aplomb** assurance

aparament apparently

appeler to call, name: **s'—** to be called, named

appliquer to apply

les **appointements** *n.m.* salary

apporter bring

s'apprêter (à) to get ready (to)

apprendre (*p.p.* **appris**) to learn: **—à** to teach

appuyer to learn

après after: **d'—** from

un **après-midi** afternoon

un **arbre** tree

un **arc** bow

un **arc-en-ciel** rainbow

un **archeologue** archeologist

l'**argent** *m.* money; silver

arracher to pull out, extract

arrêter to stop: **s'—** to stop

arroser to water, to moisten; to flow through

s'asseoir (*p.p.* **assis**) to sit down

assez enough; quite; rather

une **assiette** plate

assister to attend

une **assurance** insurance

un **astronef** space ship

astucieux, euse crafty

attendre to wait (for)

une **attente** expectation

une **attention** attention: **faire— —de** to pay attention

attirer to attract, draw

une **attitude** attitude; posture

attraper to trap, hunt

une **aube** dawn

une **auberge** inn

un **aubergiste** innkeeper

aucun no

au-dessous below

au-dessus above

aujourd'hui today

auprès de near

aussi also

aussitôt immediately, at once: **—que** as soon as

autant de as many

un **autel** altar

autour de around

autre other

autrefois formerly

avaler to swallow

avant before; **en—** forward: **—hier** day before yesterday

avec with

un **avenir** future; **à l'—** in the—

aveugle blind

un **avion** airplane

un **avis** opinion; advice, counsel

un **avocat** lawyer

avoir (*p.p.* **eu**) to have

B

la **bague** ring

baîller to yawn

baiser to kiss

baisser to lower; **se** to lower oneself

le **bal** ball, dance

le **balai** broom

se **balancer** to swing

balbutier to stammer

la **balle** bullet

le **banc** bench

la **barbe** beard

la **barrique** cask

bas low

le **bas** stocking

la **bataille** battle

le **bateau** boat: **—plat** punt: **—à voiles** sail boat

le **bâtiment** building

bâtir to build

198

battre (*p.p.* **battu**) to beat:
se— to fight
le **bavard** babbler, chatterer
bavarder to chat
beau, bel, belle handsome,
beautiful, fair
bénir to bless
le **berceau** arbor, bower
le **besoin** need: **avoir —de**
to need
la **bête** beast
bête (adj.)
le **beurre** butter
la **bibliothéque** library
bien well, very
bientôt soon
la **bienvenue** welcome
la **bière** beer
la **bijouterie** jewelery store
le **bijou** jewel
le **bijoutier** jeweler
le **billet** note; ticket
le **biscuit** cookie
blâmer to criticize
blanc, -che white
le **blé** wheat
bohémien, —ne Bohemian,
gipsy
boire (*p.p.* **bu**) to drink
le **bois** wood
la **boîte** box
bon, —ne good; kind;
all right

le **bonbon** piece of cancy
bondir to bound, spring
le **bonheur** happiness
le **bonhomme** fellow
bonjour good day, hello
bonsoir good evening,
goodby
le **bord** edge: **—de la mer**
seashore
la **bouche** mouth
boucher to stuff, fill, stop:
se **—les oreilles** to stop
one's ears
la **boucle** buckle
le **bouchon** stopper, cork
bouger to budge, move
la **boule** ball, sphere
la **bourse** purse; money
le **bout** end, tip
la **bouteille** bottle
le **bouton** button: **— d'or**
buttercup
le **bras** arm
le **brasier** quick, clear fire;
furnace
la **bride** bridle, bridle-rein
se **brosser** to brush oneself
le **bruit** noise
brûler to burn
brun brown
le **bûcheron** woodcutter
le **bureau** desk; office, bureau
le **but** aim, purpose, goal

C

ça *familiar form of* **cela**
that
cacher to hide: se — to
hide oneself
la **cachette** hiding place
le **cadeau** gift
le **café** coffee; café
le **cahier** notebook
le **caillou** pebble, stone
le **calcul** calculation
le **calculateur** calculater, adder
calme calme: **du —** calm
down

la **campagne** countryside
le **campement** encampment
le **canard** duck
le **caniche** poodle
car for, because
la **carte** card; map
le **carton** cartoon
le **cas** case: **faire peu de —**
to make light of
cassé (*adj.*) affected with a
disease of wines
casser to break
le **castor** beaver

la **cause** cause: **à — de**
   because of
   causer to chat, talk
   causeux, —euse talkative
la **cave** cellar
   ce, cet, cette this, that: **ces**
      these, those
   ceci this
   cela that
la **cendre** cinder, ash
le **cendrier** ash tray
   cent hundred
le **centime** centime, one-hun-
      dreth part of a franc
   cependent however
   certes indeed, most certainly
      certainly
la **certitude** certainty
   chacun(e) everyone
la **chair** flesh
la **chaire** pulpit; desk (of a
      teacher)
la **chaise** chair
la **chaleur** heat
la **chambre** room; bedroom
le **champ** field: **sur-le- —** at
      once, immediately
le **champignon** mushroom
le **chandail** sweater
la **chandelle** candle
la **chanson** song
   chanter to sing
le **chapeau** hat
le **chaperon** cape, hood
   chaque each
   charmant charming
la **chasse** hunt; **— à l'ours**
      bear —
le **chat** cat
   châtain chestnut, nut brown
le **château** castle
   chaud warm: **avoir —** to
      be —
le **chaudron** cauldron
le **chaudronnier** coppersmith
se **chauffer** to warm oneself
   chaussées de shod, wearing
      shoes of
le **chemin** road, way
la **chemise** shirt

   cher, chère dear, expen-
      sive
   chéri(e) darling, dearest
   chercher to look for
le **cheval** horse
le **chevalier** knight
le **cheveu** hair: **les —(x)** head
      of —
la **cheville** ankle
   chez (*prep.*) with; at the
      house of; to the house
      of
le **chien** dog; **la chienne** dog
le **chiffre** number
le **chignon** coil of hair, 'bun'
   choisir to choose
   choquant shocking
   choquer to shock
la **chose** thing; **quelque —**
      something
le **chou** cabbage
   chuchoter to whisper
la **chute** fall, drop
le **ciel** sky
le **cimetière** cemetary
   cinq five
   cinquante fifty
la **circonstance** circumstance
la **circulation** traffic
   clair clear, bright
la **classe** class: **faire la —** to
      teach a class
le **clef** key; **fermer à —**
      to lock
la **cloche** bell
le **clocher** steeple, belfry
le **cocher** coachman
le **cochon** pig
le **coeur** heart
   coiffeur to dress the hair
le **coin** corner
la **colère** anger: **être en —**
      to be angry
le **collier** neckless
la **colline** hill
la **colonne** column, pillar
   combien (de) how much,
      how many
   comme as, like
   comment how: **comment?**
      what did you say

le commentaire comment, remark

commettre (*p.p.* commis) to commit

le commis clerk, employee

le commissionnaire commission agent

la compagne female companion, helpmate

la compagnie society, companionship

le complet suit

le compliment compliment (*pl.*) regards

se comporter to behave

compter to count, reckon

le comptoir counter

comprendre (*p.p.* compris) to understand

conclure to conclude

conduire to conduct, lead

confier to confide, entrust

le congé leave, holiday

connaître (*p.p.* connu) to know, to be acquainted with

le conseiller counsellor

la conséquence: en — consequently

la consigne instructions, orders

la conspiration conspiracy

contracter to contract: — une assurance to take out insurance

construire (*p.p.* construit) to build to build, construct

contempler to gaze at

conter to relate

contre against

convenable fitting, suitable

le convive guest

le coq rooster

coquet, —te coquettish

la corbeille basket: — à papier waste basket

le cor de chasse hunting horn

la corde rope; bowstring

le cordon strand; string

la corne horn

le corps body

correspondre (à) to suit, to harmonize

corriger to correct

le côté side: à — de beside

le cou neck

se coucher lie down, go to bed

le coucher du soleil sunset

le coude elbow

le couloir lobby, corridor

le coup blow: — de soleil sunstroke: — d'oeil glance: — de pied kick

coupable guilty

couper to cut

le couperet large knife

la cour court; courtyard

le courant current: — d'air breeze

court short

courir (*p.p.* couru) to run: — les boutiques to shop

le coureur des bois trapper

le coussin hassock

le couteau knife

la coutume custom

le couvent convent

le couvercle cover, lid

couvert (de) covered (with)

la couverture cover; bed clothes clothes

la craie chalk

craindre (*p.p.* craint) to fear

la cravate tie

créer to create

creux, euse hollow

le cri: pousser un — to let out a yelp

la crise crisis; attack: — de dépression nerveuse nervous breakdown

croire (*p.p.* cru) to believe

la croûte crust

la cuiller spoon

cuir leather

la cuisine kitchen

cuire (*p.p.* cuit) to cook

la cuisse thigh

le cuivre copper

la culotte short pants

le curé priest

d'abord (*adv.*) first, at
first
d'ailleurs moreover
la dame lady
dans in, into
darder to hurl; to shoot
forth
davantage more, any more;
any further
de of, from
se débarrasser de to rid oneself
of, to shake off
debout standing
déchirer to tear
déclarer to declare: se —
to make up one's mind
découvrir (*p.p.* découvert)
to discover
décrire (*p.p.* décrit) to des-
cribe
le défaut fault
défendre to defend; to
forbid
la défense defence; prohibi-
tion
dégoutter to drip
dehors outside: au — de
outside of
déjà already
déjeuner to have lunch
délabré tattered, shabby
délibéré determined,
resolved
délibérément deliberately
demain tomorrow
demander to ask, ask for:
se — to wonder
la demeure house, home
demeurer to remain, stay;
to live
demi-mort half dead
la démission resignation
démontrer to demonstrate
la dent tooth
dépenser to spend
se déplacer to change one's
place
depuis since

dernier; ière last
dérober to steal: à la
dérobée on the sly
se dérouler to happen; unfold
derrière behind
le déshabillé state of undress
se déshabiller to get undressed
désespérer to dispair
le désespoir dispair
désigner to designate; to
appoint, name
désolé broken-hearted;
very sorry
le dessein design, plan: à —
intentionally
le dessin drawing
dessiner to draw
dessous under: au — de
under
dessus over: au — de over
deux two
la dette debt
deuxième second
devant before, in front of
devenir (*p.p.* devenu) to
become
deviner to guess
le devoir duty; homework
devoir (*p.p.* dû) to owe;
to be obliged to, must
dévot religious, devoted to
le diable devil
le diamant diamond
la dictée dictation
le dieu god
digérer to digest
le dimanche Sunday
le dindon turkey
dire (*p.p.* dit) to say
diriger to direct: se — to
go (towards)
le discour speech
discuter to discuss
disparaître (*p.p.* disparu)
to disappear
se disposer to make ready
diviser to divide: se — to
divide oneself, split

la **devinette** riddle
dévouer to devote
le **doigt** finger
le **dommage** damage, injury:
    C'est - that's too bad
    (a pity)
    donc therefore, so: (an in-
    tensifying word) **entrez**
    donc do come in
donner to give
dont whose, of whom, of
    which
dorer to glaze
dormir (*p.p.* **dormi**) to sleep
    sleep
le **dos** back
la **douceur** sweetness

doué (**de**) endowed with
la **douleur** sorrow, grief
douter to doubt: **se — de**
    to suspect
la **douzaine** dozen
dresser to erect: **— une**
    liste to make a list: **se —**
    to stand on end, to stand
    erect
drôle funny
d'où whence, where
la **douleur** grief
doux, -uce sweet, gentle,
    soft
dur hard, harsh
durant during
durer to last

E

une **eau** water
s'échapper to escape
un **éclat** burst; crash, peal
    éclatant, bright, sparkling,
    glittering
une **école** school
un **écolier** school boy
une **écorce** bark
écouter to listen to
écraser to crush
s'écrier to cry out
écrire (*p.p.* **écrit**) to write
un **écriteau** bill board; poster
une **écriture** writing,
    handwriting
s'écrouler to fall in, to fall
    down
un **édredon** quilt
un **effet** effect: **en —** in fact
effleurer to graze; touch
    upon; glide over
s'efforcer to strive, strain
effrayer to frighten, alarm
effroyable frightening
égal(e) equal
également equally
une **église** church
un **élève** (*also f.*) pupil

embrasser to embrace: **s' —**
    to embrace each other, to
    kiss
embêter to annoy, bother
s'embusquer to lie in wait
émerveiller to astonish,
    amaze
empêcher to prevent
s'emplir to fill
emporter to carry away,
    take away
s'empresser to be eager; to
    flock, crowd
ému moved, touched
en in, at, while
un **enchanteur** magician
une **enclume** anvil
encore again: **— une fois**
    once more: **— que** than
une **encre** ink
s'endormir (*p.p.* **endormi**)
    to fall asleep
un **endroit** spot, place
un **enfant** (*also f.*) child
un **enfer** hell
enfermer to shut up, lock
    up
enfin finally

enflammer to set on fire:
s' — to take fire, ignite
enjamber to straddle
enlever to lift, raise
s'ennuyer to be bored; to
feel dull
ennuyeux, —euse boring
énorme enormous
enseigner to teach
ensemble together
ensoleillé in the sun, sunny
ensevelir to shroud, bury
ensuite next, then
entendre to hear
enterrer to bury
entraîner to drag along; to
carry away
entourer to surround
une envie envy: avoir — de to
be anxious to
environ about, nearly
environs (n.m.pl.) vicinity
envoyer to send
une épaule shoulder
épeler to spell, spell out
éperdu bewildered, aghast
éperdument madly
épouser to marry
épouvantable terrible
éprouver to try, to test; to
feel, experience
un époux husband: une
épouse wife: les
époux married couple

un équipage carriage, team
un escalier staircase
un esclave slave: tomber — to
fall into slavery
une espèce kind, sort
espérer to hope
essayer to try
essoufflé out of breath
essuyer to wipe
un étage story, floor
étendre to stretch: s' —
to stretch out
éternuer to sneeze
une étiquette tag, label
une étoile star
étonner to astonish
étouffer to choke
étrange strange
un étranger stranger
étroit narrow
un étudiant (also f.) student
étudier to study
éveiller to wake
un événement event
s'évanouir to faint
exaucer to grant
exclure (p.p. exclu) to
exclude
exiger to exact, require
une explication explanation
expliquer to explain
exprimer to express
expulser to expell

F

la face face: en — de in
front of
fâché angry
se fâcher to become angry
facile easy
facilement easily
la façon way, manner: de
toute — at any rate
façonner to fashion
le facteur postman

faire (p.p. fait) to do, make:
— plus an infinitive, to
have something done: —
(impersonally) be (for
weather): se — to become
la faiblesse weakness
la faim hunger: avoir — to be
hungry
le fait fact
la falaise cliff (chalk)

falloir (*p.p.* **fallu**) to be
  necessary, must
le **farceur** practical joker
  fatiguer to tire: **se —** to
  tire oneself
la **faute** fault, mistake
le **fauteuil** armchair
  faux, fausse false, wrong
la **fée** fairy: **vieille, —** old hag
se **féliciter (de)** to be pleased
  with
la **femme** wife, woman: **—**
  de chambre chamber-
  maid
la **fenêtre** window
la **ferme** farm
  fermer to close, shut
le **fermier** farmer
le **festin** party
la **fête** celebration
le **feu** fire
le **fiacre** carriage
la **ficelle** string
  ficher le camp (*pop.*) to de-
  camp, set off
  fidèle faithful
  fier proud
la **fierté** pride
la **figue** fig
le **figuier** fig tree
la **figure** face
se **figurer** to imagine
le **fil** thread, wire
le **filet** rack
la **fille** daughter, **jeune —** girl
le **fils** son
la **fin** end
  fixer to stare
  flamber to flame,
  flamboyer to flame, blaze

le **flâneur** lounger, loafer
la **foire** fair
la **fois** time, occasion: **encore**
  une — once again
le **fonctionnaire** civil servant
le **fond** bottom: **au — de** at
  the bottom of: **dans —**
  in reality
la **force** strength, power
  fort (*adj.*) strong: (*adv.*) very
  fortement strongly
  fou, folle crazy, silly, foolish: **être**
  to be foolish: **être — de** to be
  mad about
la **fouille** excavation
  fouiller to rummage,
  to search
la **foule** crowd
le **four** stove
la **fourchette** fork
la **fourmi** ant
la **fourrure** fur
  frais, fraîche cool, fresh
  franc frank; honest, open
  français French
  frapper to strike, knock:
  se — to strike oneself
  frisé curly
  frissonnant (*adj.*) shivering
  frivole frivolous
le **froid** cold: **avoir —** to be
  cold
le **fromage** cheese
le **front** forehead
la **fumée** smoke
les **funérailles** (*f.*) funeral
  furibond furious, raging
  fureter to nose about;
  hunt after
le **fusil** gun

G

gagner to earn, win; to reach; to over-
  take: **—sa vie** to earn one's living
le **galant** gentleman: **faire —**
  to be gallant
la **galette** small cake
le **gamin** boy, youngster

le **gant** glove
le **garçon** boy
la **garde** safe-keeping, care
  garder to keep; watch
le **gars** lad
  gaspiller to spill, waste

205

le **gâteau** cake
gâter to spoil
gauche left: **à** — to the
   left
gémir to groan, moan
gêné (*adj.*) embarrassed
gêner to bother: **se** — to feel
   embarrassed
le **genou** knee: **à** — kneeling
les **gens** *m.* people
gentil, —ille attractive, nice
la **gifle** slap
gifler to slap, hit
glisser to slip; slide
le **goût** taste

la **grammaire** grammar;
   grammer book
la **grand'mère** grandmother
gratter to scratch
grêlé pock-marked
la **griffe** claw
grimper to climb, clammer
   up
gris grey
gronder to scold
gros, —se large
guérir to cure
la **gueule** jowl, jaw
la **guerre** war
le **guillemet** quotation mark

H

habile clever
habiller to dress: **s'** — to
   get dressed
un **habit** clothes
un **habitant** inhabitant, dweller
une **habitude** habit, custom:
   d' — customarily
le **haillon** rag, tatter
la **haine** hate
le **hasard** chance: **par** — by
   chance
hausser to raise: — **les**
   épaules to shrug one's
   shoulders
haut high
hein hey!
hélas alas!
un **hélicon** tuba
un **héritage** inheritance
hériter to inherit

une **heure** hour, time (clock):
   à l' — on time; **de**
   bonne — early: **toute à**
   l' — in a little while
heureux, —euse happy
heureusement fortunately
hier yesterday
hisser to hoist, lift
une **histoire** story
la **historiette** short story
hocher to shake
un **homme** man
honnête honest
la **honte** shame: **avoir** — to be
   be ashamed
honteux, —euse ashamed
une **horloge** clock
hors de out, outside of: — **d'**
   usage out of use; —
   d'atteinte out of reach
huit eight

I

ici here
ignorer to not know
une **île** island
illustre illustrious, famous
il y a there is, there are: —
   + *time* ago

imiter to imitate
impressionnant impressive
un **incendie** fire
s'incliner to bend down, bow
incrédule unbelieving

206

incroyable unbelievable
un index fore-finger
indigne unworthy
indigné indignant
un infirme (*also f.*) invalid
infliger to inflict
s'inquiéter to worry
inscrire (*p.p.* inscrit) to
   write down; register
s'installer to settle oneself
un instant moment; à l' — at
   once

un instituteur teacher
instruire (*p.p.* instruit) to
   teach, instruct
une intention intention: avoir
   l' — de to intend to
un intérêt interest
interrompre to interrupt
introduire (*p.p.* introduit)
   to cause to enter
un invité guest
ivre drunk

J

jaune yellow
jalous jaloux, —se jealous
jamais ever: ne — never
la jambe leg
le jardin garden
jeter to throw: se — to
   throw oneself, leap
le jeudi Tuesday
le jeu game
jeune young
la jeunesse youth
joli pretty
jongler to juggle
le jongleur juggler
la joue cheek

jouer to play
le joueur player
jouir to enjoy, revel
le jour day: par — daily
le journal newspaper
la journée day (all day)
le jugement trial; verdic⁺
juin June
le jupon apron, skirt
jurer to swear
jusqu'à as far as; until
juste right, just: au —
   exactly
juteux (euse) juicy

L

là there: — bas down
   there
laid ugly
laisser to leave, let
le lait milk
lancer to toss, hurl; to launch:
   se— to throw, launch out
la langue tongue; language
le larcin theft
la larme tear
laver to wash: se — to
   wash up
lécher to lick
la leçon lesson
la lecture reading

léger, —ère light
la légèreté lightness
le légume vegetable
le lendemain next day
lent slow
lentement slowly
lequel, laquelle which one
lever to raise: se — to get
   up
la lèvre lip
libre free
le lieu place: au — de in —
   of: avoir — to take
   place
lire (*p.p.* lu) to read

le lis lily
le lit bed
le livre book
loin far, distant
le logement lodgings
le logis house
la loi law
long, —gue long; de — en large up and down
le long de along
longtemps for a long time
la loque rag
lorsque when

la louange praise
le loup wolf
la loupe magnifying glass
le loup-garou werewolf
lourd heavy
la lumière light
le lundi Monday
la lune moon
lunettes (*n.f.pl.*) eye glasses
la lutte struggle
lutter to struggle
le luxe luxury

M

machinal mechanical
la magie magic
maigre thin, lean
la main hand
maintenant now
maintenir to maintain
le maire mayor
la mairie town hall
mais but
la maison house: à la — at home, to the house
le maître master
la maîtresse mistress
mal (*adv.*) badly
malade sick
le malfaiteur miscreant
malgré in spite of
le malheur misfortune
malheureux, —euse unhappy, unfortunate
le malin evil person
la malle trunk
manger to eat: la salle à — dining room
la manière way, manner
le manteau overcoat
manquer to miss, fail: —de to lack
le marbre marble
le marchand merchant
marcher to walk; to go
le mardi Tuesday
la marge margin

la marguerite daisy
marmotter to mutter
le mari husband
marier to marry (off): se — — to marry
le maroquin maroccan leather
le matin morning
le mécanicien mechanic
mécanique mechanical
méchant wicked, evil
mécontent discontented
le médecin doctor
la médecine medicine
le médicament medication
le méfait misdeed
la méfiance mistrust, distrust
meilleur (*comparative of* bon) better
la mêlée mess; misture
mêler to mix, mingle
même (*adj.*) same: (*adv.*) even
le ménage household
ménager to husband
mener to lead
mépriser to scorn; despise
la mer sea
mercredi Wednesday
la mère mother
le merle blackbird
merveilleux, —euse marvelous

à mesure que in proportion as
le métier profession
    mettre (*p.p. mis*) to put:
        se — à to begin: se — en
        route to start up: se —
        en contact to put in
        contact with
le meurtrier murderer
le miaulement miaowing
la miette crumb
    mieux (*comparative of* bien)
        better
le milieu middle: au — de in
    the middle of
le mille thousand
le minuit midnight
la mode fashion, manner
le moine monk
    moins less: au — at least:
        en — de in less than
le mois month
le monde world; people:
    tout — everyone

la monnaie change, coin, money
    monotone monotonous
le monsieur gentlemen, sir
    monter to go up
    montrer to show
se moquer (de) to make fun of
le morceau piece, bit
    mordre to bite; gnaw
    mort dead
la mort death
la morte dead woman
le mot word
la mouche fly
    moucher to blow the nose
le mouchoir hankerchief
    mouiller to soak, wet
    mourir (*p.p. mort*) to die
le mouton lamb
le moyen means, way
le mulet mule
    mûr ripe, mature
le mur wall

N

le nain dwarf
    naître (*p.p. nu*) to be born
la nappe tablecloth
    navré (*adj.*) broken-hearted
    ne — pas not: —jamais
        never: — guère scarcely:
        — ni—ni neither — nor:
        — rien not anything, no-
        thing: — plus no longer:
        — que only
la neige snow
    neiger to snow
    neuf nine
le neveu nephew
le nez nose
le nid nest: — à rats mere
    hovel

nocturne nocturnal
    noir black
le nom name
    nommer to name
    nouveau(elle) new: à —
        again
la nourrice nurse
    nourrir to bring up; to feed
la nourriture food
la nouvelle news
    noyer to drown: se — to be
        drowne d
le nuage cloud
la nuit night
la nuque nape of the neck

une obéissance obedience
obligé obliged: être — de
to have to, to be obliged
to
obsédé obsessed
obtenir (*p.p.* obtenu) to
get, obtain
odorant fragrant
un oeil (*pl.* yeux) eye: le
coup d' — glance
un oiseau bird
une ombre shade
on (l'on) one, they (*inde-
finite*)
un ongle nail, fingernail
or but, now: well
une ordure filth

un os bone
oser to dare
un or gold
ordonner to regulate; to
command
une oreille ear
orné decorated
ostensiblement publically,
openly
ôter to take away, deduct
ou or
où where: d' — whence,
from where
oublier to forget
un ours bear
ouvert open
ouvrir (*p.p.* ouvert) to
open

le pain bread
le palais palace
pâlir to whiten, grow pale
le paquet package, bundle
le papillon butterfly
par by, through
paraître (*p.p.* paru) to
appear
le parapluie umbrella
parbleu For heaven's sake!
parcourir (*p.p.* parcouru)
to run through
parce que because
par-dessus above
le pardessus overcoat
pareil, —le like; similar;
identical; like that
la paresse laziness
paresseux — euse lazy
parfait perfect
parfaitement perfectly
parfois sometimes
parler to speak
parmi among
la parole word (spoken)

la partie part; game: — de
tire taffy pull: les —s
de discours parts of
speech
partir (*p.p.* parti) to leave,
depart
partout everywhere
la parure necklace; jewelry
set
parvenir (*p.p.* parvenu)
arrive; attain, succeed
le pas step, footstep
passager (*adj.*) passing,
transitory
le passager passenger
le passant passer-by
le passé past
passer to pass, pass by: se —
se — to happen: se — de
to go without
la pâtisserie pastry shop
la patrie fatherland, country
la patte paw
pauvre poor
le pays country

le paysan peasant
la peau skin
   pêcher to fish
le peigne comb
la peine distress, hurt, pain;
      trouble: à – scarcely
la peinture painting
la pelouse lawn
le penchant inclination, bent
   pendant for, during: –que
      while
   pénible painful
la pensée thought
   penser to think, imagine:
      – à – of
le percepteur tax collector
   perdre to lose, ruin
le père father
la perle pearl
le personnage person
   personne – ne no one
la perte loss
la peste plague: de –
      plague ridden
   petit small
   peu little, few: –de few
      of: un – de a little of
la peur fear: avoir – to be
      afraid
   peut-être perhaps
le pharmacien druggist
la phrase sentence
la pièce play; piece; room:
      – à – piece by piece
la piécette playlet
le pied foot
le piège trap
la pierre rock, stone
   piqué irritated
la piscine swimming pool
le pitre clown, buffoon:
      faire – to play the –
la place place; square
le plafond ceiling
la plage beach
   plaindre (p.p. plaint) to pity
      se – de to complain about
la plainte complaint
le plaisir pleasure

le plan plan, map
la planche board
le plancher floor
   plein full: en – air in
      open air
   pleurer to cry, weep
   pleuvoir (p.p. plu) to rain
   plier to fold
la pluie rain: manteau –
      raincoat
la plume feather; pen (quill)
la plupart de most of
   plus more; ne – no longer,
      no more: de – en more
      and more: au – at most
   plusieurs several
   plutôt rather
la poche pocket
le poids weight
le poil hair (of an animal)
   point; ne – not (emphatic
      neg.)
le point period
le poisson fish
la poitrine breast, chest
   poli polite
   poliment politely
le pont bridge
le porc pig
la porcherie pig sty
la porte door: de – en –
      from – to –
le porte-monnaie change
      purse
la portée reach (of hand or
      arm): à – de within
      reach of
le portefeuille purse
le porte-plume feather pen
   porter to carry; wear: se –
      to be (health)
la portière door
   poser to put; – une
      question to ask a
      question
   posséder to possess
le pou louse
la poule hen
le poulet chicken

pour for, in order to
pourpre purple
pourquoi why
poursuivre (*p.p.* poursuivi) to pursue
pousser to push; to utter
la poussière dust
poussiéreux, -éreuse dusty
la poussinière chicken house
la poutre beam, girder
le pouvoir power
pouvoir (*p.p.* pu) can, to be able
le pré meadow
se précipiter to rush forward
le précis summary
le prédication preaching
prédire to predict
premier, —ière first
prendre (*p.p.* pris) to take
le presbytère rectory
près de near: tout — — very close to
le présent present; gift: à — at present, now
presque almost, nearly
prêt à ready to
prétendre to claim; pretend
prêter to lend
la preuve proof
prévoir to foresee, foretell

prier to beg; pray
priver to deprive
le prix price; prize
le procès trial
prochain next
le prochain neighbor
proche near
se produire to occur, happen
profiter de to take advantage of, to profit by
profond deep, profound
profondément deeply
se promener to stroll, walk
promettre (*p.p.* promis) to promise
la promptitude promptness
le propos talk, words; remarks
propre own
la province province: de — provincal
le proviseur director, headmaster
la prune plum
le prunier plum tree
puis then
puissant powerful
puisque since
le puits well
la punition punishment
le pupitre desk

Q

le quai quay, embankment
quand when
quant à as for
quarante forty
le quartier neighborhood, quarter
que that, whom; what
quel, quelle what, which
quelque some, several
quelquefois sometimes

quelque part somewhere
quelqu'un, -e someone
qu'est-ce que what
la queue tail; line: faire — to line up
qui who, which, whom
quinze fifteen
quitter to leave
quoi which, what
quotidien daily

raconter to tell, relate

la raison reason: avoir — to
be right

rajeunir to beome younger;
to make (one) look
younger

ramasser to pick up

ramener to bring back

la rancune resentment

le rapide rapid, waterfall; fast rain
fast train

se rappeler to remember

rapporter to bring back

se rapprocher to approach
again

ravi delighted

recevoir (p.p. reçu) to receive

rechercher to research

le récit recital; tale

récreer to recreate

le recueil collection; selection

reconnaître (p.p. reconnu)
to recognize

la redingote frock coat

redevenir (p.p. redevenu)
to become again

redouter to dread

refaire (p.p. refait) to redo

refermer to reclose

réfléchir to reflect

le regard look, glance

regarder to look at

la règle rule; ruler

le régne reign

régner to reign

la reine queen

rejoindre (p.p. rejoint) to
rejoin

relâcher to release, loosen

la rélation relationship

remarquer to observe,
notice

se remarier to remarry

remercier to thank

remplir to fill (up)

remettre (p.p. remis) to
put off; put back

remuer to stir, move

le renard fox

la rencontre meeting

rencontrer to meet

rendre to give back; make:
se — go; — visite à pay
a visit

renifler to sniffle

renouveler to renew

le renseignement information

se renseigner to inform oneself,
make inquiries

rentrer to go back, go home

renvoyer to send back

répandre to pour out,
scatter

répandu spilt

le repas meal

repasser to pass again; to
press

répondre to answer

la réponse answer

reposant restful

se reposer to rest

reprendre (p.p. repris) to
take back; to take up

la représentation presentation,
play

la reprise repetition

le réseau net, network, web

résoudre (p.p. résolu) to
solve

respirer to breathe

le reste remainder, rest: du —
moreover

rester to stay, remain

le retard lateness: en —
late

se retirer to pull out, retire

retourner to return, go
back: se — to
turn around

le retour return

retrouver to find again
réussir to succeed
se réunir to assemble again, reunite
le rêve dream
le réveil awakening
réveiller to wake up: se — to wake up
révéler to reveal
revenir (*p.p.* revenu) to return, come back
la révérence reverence; bow
revoir (*p.p.* revu) to see again
le rhume cold
rien nothing
rire (*p.p.* ri) to laugh
le rivage shore, bank
le riz rice
la robe dress

rôder to prowl
le roi king
le rôle roll: à tour de — in turn
le rond round, ring: faire des — s to blow smoke rings
le rosbif roast beef
la roue wheel
rouge red
rougeâtre reddish
rougir to grow red, blush
rouler to roll
roux, —sse reddish, sandy (of hair)
la route road, way: se mettre en — to start out
le royaume realme
le ruban ribbon
la rue street

S

le sable sand
le sac sack: — à main handbag
sage wise
saisir to seize
la saison season
sale dirty
salir to dirty
la salle room
le salon living room
saluer to greet
le samedi Saturday
le sang blood
sans without
sapristi darn
la santé health
sauf except
sauter to jump
le sauvage indian; savage
le savant scientist
savoir (*p.p.* su) to know
le savoir knowledge
la scierie sawmill
sec, — sèche dry
se sécher to dry oneself
le seigneur lord

selon according to
la semaine week
semblable similar
sembler to seem
semer to sow, plant
le sens meaning, direction
le sentiment feeling, consciousness
sentir to feel; to smell
sept seven
le serin canary
serrer to press, to squeeze: se — to press each other close
servir to serve: — à to be used for: se — de to use
le serviteur servant
le seuil threshhold
seul alone, only
seulement only
si if; so
le siècle century
le siège seat
le signe sign; symbol: faire — to indicate
se signer to cross oneself

214

signicatif, — ve significant
sitôt as soon, so soon
la soeur sister
la soie silk
la soif thirst: avoir — to be
thirsty
soigné (adj.) carefully done;
first rate
soigner to look after, take
care of
soigneusement carefully
le soin care
le soir evening
la soirée evening; party
le soleil sun
solennel, — le solemn
solenellement solemnly
la somme sum
le sommeil sleep
songer to think
sonner to sound, ring
sortir (p.p. sorti) to go out,
leave; (conjugated with
avoir) to take out
la sottise foolishness
le sou copper coin worth five
centimes
soudain sudden, spontaneous
souffrir (p.p. souffert) to
suffer
souffrant ill
souhaiter to wish
le soulier shoe
souligné underlined
soupçonner to suspect
soupçonneux, —euse sus—
picious
souper to sup; to have
supper
soupeser to weigh in one's
hands
le soupir sigh

soupirer to sigh
sourire (p.p. souri) to smile
le sourire smile
la souris mouse
sous under
le sous-chef assistant man-
ager
soutenir (p.p. soutenu) to
sustain, hold up, support
la soustraction subtraction
le souvenir remembrance,
memory
se souvenir (de) (p.p. souvenu)
souvenu) to remember
souvent often
le spectacle show, spectacle
le squelette skeleton
la stupeur amazement
suave sweet, agreeable
la succession succession; inheritance
le sucre sugar
les sucreries (f.) sweet meats,
confectionery
la sueur sweat
suffire (p.p. suffi) to suffice
la suite continuation; suite,
entourage
suivant following
suivre (p.p. suivi) to follow
le sujet subject
supplier to beg, beseech
supporter to endure,
sur on: sur-le-champ right
away, on the spot
sûr sure, certain; bien —
of course
sursauter to start
surtout especially
surveiller to supervise
sympathique likeable, con-
genial

T

le tableau blackboard; picture,
tableau
la taille shape, figure
le talon heel
le tambour drum

tant so much, so many: — bien
que mal somehow or other
tantôt — tantôt sometimes —
sometimes, now — now
le tapage noise

215

le **tapis** carpet
tard late
le **tas** heap, pile
la **tasse** cup
tâter to test; to feel
tâtonner to feel one's way,
to grope: **à tâtons** —
gropingly
la **teinte** color, tint
tel, telle such: **un** — such
a
le **témoin** witness
le **temps** time; tense: **tout** —
all the time: **de** — **en** —
from time to time: **en**
même — at the same time
tellement so
tendre to hold out
tenir (*p.p.* **tenu**) to hold:
se — to hold oneself
la **terre** ground, earth: **par** —
on the ground
la **tête** head
le **thé** tea
la **timbale** kettledrum
la **tire** pull
tirer to pull
le **tiroir** drawer
le **titre** title
la **toilette** dressing; attire
tomber to fall; occur:
laisser — to drop
le **ton** tone
le **tort** wrong: **avoir** — to be
wrong
tôt soon, early
toujours always, still
le **tour** tour; trick; turn: — **de**
force feat of strength: —**à** -
in turn
tourner to turn: **se** — to
turn around

tournoyer to turn round
and round
tousser to cough
tout, toute, tous, toutes, all,
very, everything: — **à**
coup suddenly: — **à fait**
entirely: — **le monde**
everyone: **tout de suite**
immediately
le **train** train: **être en** — **de**
to be in the act of, be en-
gaged in
traîner to drag, draw
traire (*p.p.* **trait**) to milk
le **traitement** salary
traiter to treat
le **trajet** jouney
la **tranche** slice
trancher to cut off, slice
le **transatlantique** ocean liner
le **travail** work
travailler to work
le **travers** breadth: **à** —
across
traverser to cross
trente thirty
très very
tricoter to knit
la **tristesse** sadness
se **tromper** to be mistaken, be
wrong: — **de route** to
take the wrong road
le **trottoir** sidewalk
trop too, too much, too
many
le **trou** hole
le **troupeau** flock
trouver to find: **se** — to be
(located)
la **truite** trout
tuer to kill

U

un, une a, one
usé worn out

une **usine** factory
utile useful

les **vacances** (*f.*) vacation
la **vache** cow
la **valeur** courage, valor; value
  valoir (*p.p.* **valu**) to be worth
la **veille** day before
  velu harry, shaggy
  vendre to sell
le **vendredi** Friday
  venir (*p.p.* **venu**) to come:
    — **de** to have just
la **vente** sale
le **ventre** stomach, belly
le **verre** glass
  vers to, towards
  verser to pour
  vert green
le **vêtement** (article of) clothing
    clothing
la **viande** meat
  vide empty
la **vie** life
le **vieillard** old man
la **Vierge** Virgin Mary
  vieux, vieil, vieille old
  vif(ve) living, alive
  vilain nasty, bad

la **ville** city: **en** — downtown
le **vin** wine
  vingt twenty
le **virgule** comma
  vite fast, quickly
la **vitesse** speed
la **vitre** pane of glass
  vivant living
  vivifier to enliven, refresh
  vivre (*p.p.* **veçu**) to live
le **voeu** vow
  voici here is, here are
  voilà there is, there are
  voisin(ine) neighboring
le **voisin** neighbor
le **voisinage** neighborhood
la **voiture** car, carriage
la **voix** voice
  voler to steal
le **volet** shutter (window)
le **voleur** theif
  volontiers willingly, gladly
  vouloir (*p.p.* **voulu**) to want,
    wish, desire
la **voûte** arch, vault
  vrai true
  vraiment truly

Along with many exercises on synonymes, antonymes and words of the same family, there appear special exercises on the following.

I. Vocabulary

aller (+ inf.)
s'approcher de
au fond de
avoir l'idée de
avoir lieu
continuer à
décider de
de plus en plus
De quoi s'agit-il?
devoir
être en train de
finir par

s'installer
jamais
il y a (+ time-ago)
les uns — les autres —
se moquer de
parler de
quant à
se rendre
se souvenir de
tantôt — tantôt —
se tourner vers
venir de

II. Grammar

Most important among the grammar exercises are the following.

Adjectives

comparatives
irregular feminines
interrogatives
superlatives
partitives

Adverbs

à peine
en
mieux (+ inf.)
y

Pronouns

direct object
indirect object
interrogative
   qui, qu'est-ce qui
   que
relative
   qui
   que

Negatives

ne — jamais
ne — ni — ni —
ne — nulle part
ne — plus
ne — point
ne — que
aucune — ne
personne — ne

Verbs

imperative form
infinitives
   avant de +
   pour +
   sans +
interrogative form with
   noun subject

present participle with en
reflexive
tenses
   futur
   imparfait
   passé composé

218